普通高等教育省级规划教材配套学习指导

统计学学习指导

第4版

刘竹林　吴小华　主编

中国科学技术大学出版社

内容简介

本书为适应经济管理类各专业"统计学"课程教学需要而编写,内容与《统计学》(第4版)(刘竹林、吴小华编著,中国科学技术大学出版社出版)同步,并与之配套使用。各章由"学习辅导""重点、难点释析""习题""习题参考答案"组成,内容取材均来源于作者多年教学心得和对学生学习状况的了解,通过对学生学习"统计学"课程中常见的认识误区、重点、难点问题及相关习题的分析解答,提高学生分析问题、解决问题和知识创新的能力。

图书在版编目(CIP)数据

统计学学习指导/刘竹林,吴小华主编. —4 版. —合肥:中国科学技术大学出版社,2021.5(2023.8 重印)

ISBN 978-7-312-05040-4

Ⅰ. 统⋯ Ⅱ. ① 刘⋯ ② 吴⋯ Ⅲ. 统计学—高等学校—教学参考资料 Ⅳ. C8

中国版本图书馆 CIP 数据核字(2020)第 140150 号

统计学学习指导
TONGJIXUE XUEXI ZHIDAO

出版	中国科学技术大学出版社 安徽省合肥市金寨路 96 号,230026 http://press.ustc.edu.cn https://zgkxjsdxcbs.tmall.com
印刷	合肥市宏基印刷有限公司
发行	中国科学技术大学出版社
经销	全国新华书店
开本	710 mm×1000 mm 1/16
印张	14.5
字数	285 千
版次	2006 年 8 月第 1 版 2021 年 5 月第 4 版
印次	2023 年 8 月第 10 次印刷
印数	38501—42000 册
定价	30.00 元

前言

"统计学"是经济管理类专业的一门基础课,是一门关于方法论的科学。

随着我国统计工作的逐步深入,大学生在学习"统计学"的过程中,越来越深刻地体会到这门课程对于各行业进行统计分析的指导作用。学好这门课程,要求学生必须具备扎实的宏观经济学理论基础知识,必须理解有关统计数据,对统计分析的思路和方法具有一定深度的认识。我们在多年的教学过程中发现,恰恰是这些方面的要求,限制甚至阻碍了学生对于这门课程的深入学习,从而也就大大影响了学生走上实际统计工作岗位后对于这门课程所学知识的应用和研究。有鉴于此,我们于2006年8月编写了《统计学学习指导》一书,此后多次修订再版。该书出版后受到广大读者的好评,取得了很好的社会效益。

随着高等学校教育教学改革的不断深化,统计学领域的科学研究与知识创新成果不断涌现,为了保证教学内容的先进性与前瞻性,我们对"统计学"教材进行了再次修订改版。为此,与其配套使用的学习指导书也同步修订改版。

本书为《统计学》(第4版)(刘竹林、吴小华编著,中国科学技术大学出版社出版)的配套教材,由"学习辅导""重点、难点释析""习题""习题参考答案"等部分组成。每章开篇首先对各章的基本内容作简要的总结与提示;然后根据本科生和研究生学习这门课程时存在的问题,选择了一些重点、难点问题进行了解答或分析;最后,为加深理解,我们编写了大量习题,并配备了参考答案,目的在于提高学生分析问题和解决问题以及知识创新的能力。

本书由刘竹林、余明江、刘家树、吴小华、张莉等共同编写。刘竹林、吴小华担任主编,负责全书的大纲制定和最后统稿。

我们在编写本书的过程中参考了大量的文献和资料,力求审慎,但疏漏之处恐怕在所难免,希望大家在使用过程中能够提出宝贵意见。

本书在编写过程中得到了作者所在单位领导和同事们的大力支持和帮助,中国科学技术大学出版社的编辑为本书的编写提供了诸多帮助,在此一并表示衷心的感谢。

编　者

2020 年 10 月

目 录

前言 ·· （Ⅰ）

第一章 总论 ·· （1）
  学习辅导 ·· （1）
    重点、难点释析 ·· （5）
    习题 ·· （6）
    习题参考答案 ·· （13）

第二章 统计调查 ··· （15）
  学习辅导 ·· （15）
    重点、难点释析 ·· （18）
    习题 ·· （20）
    习题参考答案 ·· （24）

第三章 统计整理 ··· （27）
  学习辅导 ·· （27）
    重点、难点释析 ·· （33）
    习题 ·· （35）
    习题参考答案 ·· （41）

第四章 统计指标 ··· （46）
  学习辅导 ·· （46）
    重点、难点释析 ·· （50）
    习题 ·· （56）
    习题参考答案 ·· （70）

第五章 时间数列 ··· （84）
  学习辅导 ·· （84）
    重点、难点释析 ·· （94）

习题 …………………………………………………………（ 98 ）
　　习题参考答案 ……………………………………………（107）

第六章　统计指数 ……………………………………………（115）
　　学习辅导 …………………………………………………（115）
　　重点、难点释析 …………………………………………（122）
　　习题 ………………………………………………………（127）
　　习题参考答案 ……………………………………………（137）

第七章　抽样推断 ……………………………………………（149）
　　学习辅导 …………………………………………………（149）
　　重点、难点释析 …………………………………………（156）
　　习题 ………………………………………………………（159）
　　习题参考答案 ……………………………………………（165）

第八章　相关和回归分析 ……………………………………（171）
　　学习辅导 …………………………………………………（171）
　　重点、难点释析 …………………………………………（173）
　　习题 ………………………………………………………（178）
　　习题参考答案 ……………………………………………（189）

第九章　统计综合分析与统计分析报告 ……………………（201）
　　学习辅导 …………………………………………………（201）
　　重点、难点释析 …………………………………………（209）
　　习题 ………………………………………………………（214）
　　习题参考答案 ……………………………………………（220）

第一章 总 论

学 习 辅 导

一、本章学习目的与要求

(1) 理解统计学的性质和任务。
(2) 掌握统计学的基本概念。
(3) 理解统计学的研究对象和研究方法。
(4) 掌握统计指标及统计指标体系对统计分析的意义。
(5) 了解统计职能与我国有关统计法规。

二、本章内容提要

(一) 统计学的产生和发展

统计是为适应人类社会实践活动的需要而产生和发展起来的。17世纪中叶,英国经济学家威廉·配第的著作《政治算术》出版,标志着统计学的诞生。1662年,英国人约翰·格朗特出版了《关于死亡率的自然观察和政治观察》。配第和格朗特二人被称为统计学的创始人,他们所代表的学派被称为政治算术学派。

德国人海尔曼·康令在大学讲授国势学课程,哥廷根·阿亨瓦尔的《近代欧洲各国国势学概论》一书的出版,标志着国势学派的产生与发展。

1850年,德国经济统计学家克尼斯发表的《独立科学的统计学——关于统计学的理论和实际上纠纷的解决——同时即是关于阿亨瓦尔以来的统计学批判的历史》,提出了国家论和统计学的分工。

19世纪中叶,阿道夫·凯特勒把古典概率引入统计学,创立了数理统计学,被称为"现代统计学之父"。

（二）统计学的研究对象

"统计"一词在不同的场合有不同的含义。统计有时指统计工作，即统计实践活动，是对社会经济现象的数量方面进行搜集、整理和分析的全过程；有时指统计资料，即通过统计工作过程所获得的各项数据资料和与之相关的其他实际资料；有时指统计科学，即关于认识客观现象数量特征和数量关系的原理、原则和方式、方法的科学。

统计的三种含义是密切联系的。统计工作和统计资料是统计活动和统计成果的关系，统计学和统计工作是理论和实践的关系。

1. 统计学的研究对象

统计学以自然、社会、经济和科技等领域大量确定性和随机性现象的数量特征、关系及其规律性表现等作为自己的研究对象，其目的是通过现象的数量表现、数量特征和数量关系，综合考察总体现象的特征及发展变化的规律。

2. 统计学研究对象的特点

统计学研究对象的特点可概括为数量性、总体性、变异性。

（三）统计工作过程及统计研究方法

1. 统计工作过程

统计工作过程包括统计设计、统计调查、统计整理、统计分析、统计资料的提供与开发。

2. 统计研究方法

统计研究方法有大量观察法、统计分组法、综合指标法、统计模型法、归纳推断法。

（四）国家统计的职能

国家统计有信息职能、咨询职能、监督职能三种职能。

（五）统计学的几个基本概念及相互关系

1. 统计总体与总体单位

统计总体是根据统计研究的任务和目的确定的研究事物的全体，是客观存在的具有共同性质的个体所构成的整体。

构成统计总体的个体单位称总体单位。

在一次特定范围、目的的统计研究中，统计总体与总体单位是不容混淆的，二者的含义是确切的,是包含与被包含的关系。但是随着统计研究任务、目的及范围的变化,统计总体和总体单位可以相互转化。

统计总体具有大量性、同质性、变异性等特点。大量性是指构成总体的总体单位要足够多,总体应由大量的总体单位构成,大量性是对统计总体的基本要求;同质性是指总体中各单位至少有一个或一个以上不变标志,即至少有一个具有某一共同标志表现的标志,使它们可以结合起来构成总体,同质性是构成统计总体的前提条件;变异性是指总体中各单位至少有一个或一个以上变异标志,即至少有一个不同标志表现的标志,作为所要研究问题的对象。变异性是统计研究的重点。

2. 标志与标志表现

标志是说明总体单位所共同具有的属性和特征的名称。标志有品质标志和数量标志之分。品质标志说明总体单位的属性特征,无法量化,如职工的性别,文化程度,企业的经济成分、产品品牌等。数量标志说明总体单位的数量特征,能够量化,如职工的工龄、工资水平,企业的职工数、总产值、总产量、劳动生产率等。

总体单位与统计标志是有区别的。总体单位是统计标志的直接承担者,是载体;统计标志依附于总体单位并说明总体单位的属性和特征。依附于某个总体单位的标志可以有多个。标志表现即标志特征在各单位上的具体表现。如果说标志是统计所要调查的项目,那么标志表现是调查所得的结果,是标志的实际体现。

标志表现有品质标志表现和数量标志表现之分。品质标志表现只能用文字表述,因此不能转化为统计指标,但对其对应的单位进行总计时就形成了统计指标。数量标志表现是一具体数值,也称标志值。

就一个品质标志或数量标志而言,其具体表现可能多种多样,不能将标志与标志表现混为一谈。如对三个工人的月工资计算平均数,只能说是对三个标志表现或三个标志值(变量值)计算平均数,不能说对三个数量标志计算平均数,因为数量标志只有一个,即工人的"月工资"。

3. 变异与变量

如果某一标志的具体表现在总体各单位上相同,则称该标志为不变标志;如果某一标志的具体表现在各单位上不尽相同,则称该标志为可变标志。可变标志的标志表现由一种状态变到另一种状态,统计上把这种现象或过程称为变异。变异是一种普遍现象,有变异才有必要进行统计。

变异有属性变异和数量变异之分。属性变异表明质的差别,数量变异表明量的差别。不变的数量标志称常量或参数。

可变的数量标志和所有的统计指标称变量。变量的数值表现称变量值,即标志值或指标值。

变量按其数值是否连续可分为连续型变量和离散型变量。连续型变量的数值是连续不断的,任意两个变量值之间可以进行无数种分割,如工业总产值、商品销售额、身高、体重等,既可用小数表示,也可用整数表示;离散型变量的取值可以按一定次序一一列举,如工厂数、工人数、机器台数等,变量值通常用整数表示。

4. 统计指标和统计指标体系

统计指标是反映社会经济现象总体综合数量特征的科学概念或范畴。

正确理解统计指标时应注意:① 统计指标反映现象总体的数量特征;② 一个完整的统计指标应该由总体范围、时间、地点、指标数值和数值单位等内容构成。

统计指标和统计标志是一对既有明显区别又有密切联系的概念。二者的主要区别是:

(1) 指标是说明总体特征的,标志是说明总体单位特征的。

(2) 指标具有可量性,无论是数量指标还是质量指标,都能用数值表示,而标志不一定。数量标志具有可量性,品质标志不具有可量性。

标志和指标的主要联系表现在:

(1) 指标值往往由数量标志值汇总而来。

(2) 在一定条件下,数量标志和指标存在着变换关系。

统计指标按其反映的数量特点不同可分为数量指标和质量指标。

数量指标是反映现象总规模水平或工作总量的指标,也称总量指标,一般通过数量标志值直接汇总而来,用绝对数表示,指标数值均有单位;质量指标是反映现象总体相对水平或工作质量的统计指标,又分为相对指标和平均指标,分别用相对数和平均数表示,它们通常是由两个总量指标对比派生出来的,反映现象之间的内在联系和对比关系。

数量指标和质量指标的关系表现在:数量指标是计算质量指标的基础,质量指标往往是相应的数量指标进行对比的结果。

统计指标体系是各种互相联系的指标群构成的整体,用以说明所研究的社会经济现象各方面互相依存和互相制约的关系。一个指标的作用总是有限的,它只能反映现象总体的某一侧面,只有使用指标体系才能反映现象总体的全貌。

统计指标体系大体上可分为基本统计指标体系和专题统计指标体系两大类。

5. 统计数据的计量尺度

统计数据的计量尺度有定类尺度、定序尺度、定距尺度、定比尺度四个层次。

定类尺度是按照客观现象的某种属性对其进行分类或分组,各类各组之间的关系并列、平等且相互排斥。

定序尺度是对测量对象的属性和特征的类别进行鉴别并能比较类别大小的一种测量方法。

定距尺度又称间隔尺度,是按照某一数量标志将总体划分为若干顺序排列的部分或组,对相同数量或相同数量范围的总体单位或其标志值进行计量的方法。

定比尺度又称比率尺度,是在定距尺度的基础上,确定可以作为比较的基数,即两种相关的数加以对比,从而形成新的相对数,用以反映现象的构成、比重、速度、密度等数量关系的计量方法。

定类数据和定序数据属于定性数据。定距数据和定比数据属于定量数据。四种计量尺度对事物的测量层次由低级到高级、由粗略到精确逐步递进,高层次计量尺度有低层次计量尺度的全部特征,高层次数据包含低层次数据的全部信息内容,能够转换为低层次数据,反之不成立。

重点、难点释析

一、统计学的产生和发展过程

从统计学的产生和发展过程来看,大致可以把统计学划分为古典统计学、近代统计学和现代统计学三个时期。

(一) 古典统计学时期

(1) 政治算术学派:主要代表人物是威廉·配第,代表作是《政治算术》。另一位代表人物是约翰·格朗特,代表作是《关于死亡率的自然观察与政治观察》。政治算术学派无统计学之名,但有统计学之实。

(2) 国势学派:创始人是德国的海尔曼·康令和哥廷根·阿亨瓦尔。阿亨瓦尔继承和发展了康令的思想。为"国势学"创造了一个新的德文词汇"statistikc",即"统计学"。

(二) 近代统计学时期

指18世纪末到19世纪末的一百多年。

(1) 数理统计学派:代表人物是法国数学家拉普拉斯和比利时统计学家凯特勒。其中凯特勒在19世纪中叶把古典概率引入统计学,创立了近代数理统计学,被称为"现代统计学之父"。

(2) 社会统计学派:代表人物有统计学家恩格尔和梅尔。

(三) 现代统计学时期

从 20 世纪初到现在,统计学已步入现代统计学阶段。主要特征如下:
(1) 统计理论和方法不断得到完善和深化。
(2) 计算机的使用和统计软件的问世强化了统计计算手段。
(3) 通用方法科学的属性更加突出。

习 题

一、单项选择题

1. 社会经济统计学的认识对象是( )。
   A. 社会经济现象的质量方面
   B. 社会经济现象的数量方面
   C. 社会经济现象的质量和数量方面
   D. 社会经济现象的质量或数量方面

2. 社会经济统计学研究的是( )。
   A. 社会经济现象的总体现象
   B. 社会经济现象的个体现象
   C. 社会经济现象的总体和个体现象
   D. 社会经济现象的总体或个体现象

3. 社会经济统计学是( )的有力工具。
   A. 解决问题　　B. 克服困难　　C. 进行交流　　D. 认识社会

4. 在社会经济统计学的形成过程中,首先使用"统计学"这一术语的是( )。
   A. 政治算术学派　　　　　　　B. 国势学派
   C. 数理统计学派　　　　　　　D. 社会经济统计学派

5. 在统计学的形成和发展过程中,首先将古典概率论引入社会经济现象研究的学者是( )。
   A. 阿道夫·凯特勒　　　　　　B. 威廉·配第
   C. 约翰·格朗特　　　　　　　D. 海尔曼·康令

6. 社会经济统计学是一门( )。
   A. 自然科学　　　　　　　　　B. 新兴科学
   C. 方法论科学　　　　　　　　D. 实质性科学

7. 在确定统计总体时必须注意（   ）。
   A. 构成总体的单位必须是同质的
   B. 构成总体的单位必须是不同的
   C. 构成总体的单位不能有差异
   D. 构成总体的单位必须是不相干的单位
8. 社会经济统计学的研究对象是（   ）。
   A. 抽象的数量关系
   B. 社会经济现象的规律性
   C. 社会经济现象的数量特征和数量关系
   D. 社会经济统计认识过程的规律和方法
9. 要研究一批产品的合格率，则统计总体是（   ）。
   A. 该批产品   B. 该批合格的产品
   C. 该批产品的合格率   D. 该批合格或不合格产品
10. 一个事物被视为总体或总体单位，取决于（   ）。
    A. 事物的本质   B. 事物的内在联系
    C. 事物的复杂程度   D. 统计研究目的
11. 对某城市工业企业未安装设备情况进行普查，总体单位是（   ）。
    A. 工业企业全部未安装设备 B. 工业企业每一台未安装设备
    C. 每家工业企业的未安装设备 D. 每一家工业企业
12. 标志是指（   ）。
    A. 总体单位的特征和属性的名称 B. 总体所具有的特征
    C. 总体单位的特征或属性的名称 D. 总体单位所具有的特征
13. 一个统计总体（   ）。
    A. 只能有一个标志   B. 只能有一个指标
    C. 可以有多个标志   D. 可以有多个指标
14. 统计指标按其反映总体现象内容的特征不同可分为（   ）。
    A. 客观指标和主观指标   B. 数量指标和质量指标
    C. 时期指标和时点指标   D. 实体指标和行为指标
15. 对某省高等学校科研所进行调查，统计总体是（   ）。
    A. 该省所有高等学校   B. 该省某一高等学校科研所
    C. 该省某一高等学校   D. 该省所有高等学校科研所
16. 要了解某市国有工业企业的设备情况，则统计总体是（   ）。
    A. 该市全部国有工业企业

B. 该市每一家国有工业企业

C. 该市国有工业企业的全部设备

D. 该市国有工业企业的每一台设备

17. 有200个公司的全部职工的工资资料,如要调查这200个公司职工的工资水平情况,则统计总体为( )。

A. 200个公司的全部职工　　　B. 200个公司

C. 200个公司职工的全部工资　D. 200个公司每个职工的工资

18. 某年有3个企业的增加值分别为8000万元、10000万元、15000万元,则这句话中的变量有( )。

A. 0个　　　B. 2个　　　C. 1个　　　D. 3个

19. 下列属于数量标志的是( )。

A. 月工资　　B. 学历　　C. 健康状况　　D. 性别

20. 总量指标( )。

A. 不能用数值反映　　　B. 反映事物的本质联系

C. 必须用数值反映　　　D. 有时能用数值反映

21. 以某企业为总体,该企业职工人数为1200人,这里的"职工人数1200人"是( )。

A. 标志　　B. 变量　　C. 指标　　D. 标志值

22. 以某企业为总体单位,该企业职工人数为1200人,这里的"职工人数1200人"是( )。

A. 标志　　B. 变量　　C. 指标　　D. 标志值

23. 某班4名学生统计学考试成绩分别为70分、80分、86分和95分,这4个数字是( )。

A. 标志　　B. 标志值　　C. 指标　　D. 变量

24. 工业企业的职工人数、职工工资是( )。

A. 连续型变量

B. 离散型变量

C. 前者是连续型变量,后者是离散型变量

D. 前者是离散型变量,后者是连续型变量

25. 标志是说明总体单位特征的名称,标志有数量标志和品质标志,因此( )。

A. 标志值有两大类:品质标志值和数量标志值

B. 品质标志才有标志值

C. 数量标志才有标志值

第一章 总　论

　　D. 品质标志和数量标志都有标志值

26. 下列属于定性计量尺度的是(　　)。
　　A. 定序尺度　　B. 定距尺度　　C. 定比尺度　　D. 间隔尺度

27. 按肤色将世界人口分为白种人、黄种人、棕种人、黑种人四类,这种分类属于(　　)。
　　A. 定类尺度　　B. 定序尺度　　C. 定距尺度　　D. 定比尺度

28. 按洲别将世界人口分为亚洲人、欧洲人、美洲人、非洲人、大洋洲人五类,这种分类属于(　　)。
　　A. 定类尺度　　B. 定序尺度　　C. 定距尺度　　D. 定比尺度

29. 国际上一般根据社会生产活动历史发展的先后将产业结构分成三大门类,即第一产业、第二产业和第三产业。这种分类属于(　　)。
　　A. 定类尺度　　B. 定序尺度　　C. 定距尺度　　D. 定比尺度

30. 居民的消费按照支出去向分为衣、食、住、行、烧、用、医、文、娱、健等,这种分类属于(　　)。
　　A. 定类尺度　　B. 定序尺度　　C. 定距尺度　　D. 定比尺度

31. 学生的考试成绩分为优、良、中、及格、不及格,这种分类属于(　　)。
　　A. 定类尺度　　B. 定序尺度　　C. 定距尺度　　D. 定比尺度

32. 消费者对某种产品的满意程度表示为很满意、满意、一般、不满意、很不满意几种,则这种分类属于(　　)。
　　A. 定类尺度　　B. 定序尺度　　C. 定距尺度　　D. 定比尺度

33. 人的年龄(岁)这个变量属于(　　)。
　　A. 定类尺度　　B. 定序尺度　　C. 定距尺度　　D. 定比尺度

34. 某高校经济学院有统计学专业,具体分为经济统计学专业、应用统计学专业、数学与应用数学专业、数据科学与大数据技术专业。这种专业划分属于(　　)。
　　A. 定类尺度　　B. 定序尺度　　C. 定距尺度　　D. 定比尺度

35. 某高校经济学院有经济统计学专业,为四年制,目前各年级分别为2016级、2017级、2018级、2019级。这种划分属于(　　)。
　　A. 定类尺度　　B. 定序尺度　　C. 定距尺度　　D. 定比尺度

36. 各类数据中,有绝对零点的数据是(　　)。
　　A. 定类尺度　　B. 定序尺度　　C. 定距尺度　　D. 定比尺度

37. 指标是说明总体特征的,标志是说明总体单位特征的,所以(　　)。
　　A. 标志和指标之间的关系是固定不变的
　　B. 标志和指标之间的关系是可以变化的

C. 标志和指标都可以用数值表示
D. 只有指标才可以用数值表示
38. 下列哪个是质量指标？（　　）
A. 工资总额　　　　　　　B. 平均工资
C. 国民收入　　　　　　　D. 粮食总产量

二、多项选择题

1. 下列哪些是社会经济统计学的理论和方法论基本？（　　）
   A. 马克思主义哲学　　　　B. 马克思主义政治经济学
   C. 数学　　　　　　　　　D. 概率论
   E. 科学社会主义
2. 统计的基本方法包括（　　）。
   A. 大量观察法　B. 综合分析法　C. 统计分组法
   D. 归纳推断法　E. 指标体系法
3. 统计总体的基本特征表现在（　　）。
   A. 客观性　　　B. 数量性　　　C. 大量性
   D. 同质性　　　E. 差异性
4. 如果要了解某地区全部成年人口的就业情况，那么（　　）。
   A. 全部成年人是研究的总体
   B. 成年人口总数是统计指标
   C. 成年人口就业率是统计标志
   D. "职业"是每个人的特征，"职业"是数量指标
   E. 某人的职业是"教师"，这里的"教师"是标志表现
5. 国家统计系统的功能或统计的职能是（　　）。
   A. 信息职能　　B. 咨询职能　　C. 监督职能
   D. 决策职能　　E. 协调职能
6. 下列统计指标中,属于质量指标的有（　　）。
   A. 工资总额　　B. 单位产品成本　C. 出勤人数
   D. 人口密度　　E. 合格品率
7. 我国统计调查的方法有（　　）。
   A. 统计报表　　B. 普查　　　　C. 抽样调查
   D. 重点调查　　E. 典型调查
8. 在工业设备普查中（　　）。

A. 工业企业是调查对象

B. 工业企业的全部设备是调查对象

C. 每台设备是填报单位

D. 每台设备是调查单位

E. 每家工业企业是填报单位

9. 对某市工业生产进行调查,得到以下资料,其中的统计指标是(　　)。

　　A. 某企业为亏损企业　　　　B. 实际产值为 1.1 亿元

　　C. 职工人数为 10 万人　　　D. 某企业资金利税率为 30%

　　E. 机器台数为 750 台

10. 设某地区 5 家全民所有制企业的工业总产值分别为 25 万元、22 万元、40 万元、33 万元和 65 万元,则(　　)。

　　A. "全民所有制"是企业的品质标志

　　B. "工业总产值"是企业的数量标志

　　C. "工业总产值"是个变量

　　D. "工业总产值"是企业的统计指标

　　E. 25、22、40、33 和 65 这几个数字是变量值

11. 某商场 800 名职工每个人的工资资料中(　　)。

　　A. 职工工资总额是统计指标　　B. 800 名职工是总体单位

　　C. 有 800 个标志值　　　　　　D. 职工工资是统计标志

　　E. 该商场工资总额等于 800 人乘以其平均工资

12. 在全国人口普查中(　　)。

　　A. 每个人是总体单位　　　　　B. 男性是品质标志

　　C. 年龄是数量标志　　　　　　D. 人口平均寿命是数量标志

　　E. 全国人口数是数量总体

13. 下列数据属于定类数据的是(　　)。

　　A. 专业:市场营销、工商管理　　B. 出生年:1990、1995

　　C. 成绩:优、良、中　　　　　　D. 企业隶属:中央、地方

　　E. 产品等级:一级品、二级品、三级品

14. 下列数据属于定序数据的是(　　)。

　　A. 专业:市场营销、工商管理　　B. 出生年:甲子年、乙丑年

　　C. 成绩:优、良、中　　　　　　D. 产品等级:一级品、二级品、三级品

　　E. 年龄:18、19、20

15. 下列数据属于定比数据的是(　　)。

A. 成绩:60、70、76、90、92(分)等
B. 产值:220、500、560、1000(万元)等
C. 学历:高中以下、专科、本科、研究生
D. 人均月收入:8、8.5、10(千元)等
E. 身高:1.6、1.65、1.7、1.72、1.78(米)

16. 下列数据属于定距数据的是(   )。
    A. 成绩:90~100、80~90、70~80(分)等
    B. 某地近3天气温:0~6℃、2~7℃、5~9℃
    C. 人均可支配收入:0.65万元为低收入,1.5万元为中低收入,2.3万元为中等收入,3.6万元为中上收入,7万元为高收入(2018年国民经济和社会发展统计公报)
    D. 产品销售额:800、820、960(万元)等
    E. 职工月工资:5000、8000、10000(元)等

17. 下列数据属于定比数据的是(   )。
    A. 产品产值:200、500、800(万元)等
    B. 某地近3天天气:晴、多云、多云转晴
    C. 考试成绩:59、65、78、88、93(分)等
    D. 产品销售额:800、820、960(万元)等
    E. 职工月工资:5000、8000、10000(元)等

三、简答题

1. 品质标志和数量标志有什么区别?
2. 什么是统计指标?统计指标和标志有什么区别和联系?
3. 如何理解统计指标的特点?
4. 变量如何分类?
5. 怎样区分变量与变量值?
6. 如何理解并区分各种数据计量尺度?
7. 统计的含义有哪些?

第一章 总 论

习题参考答案

一、单项选择题

1. B 2. A 3. D 4. B 5. A 6. C 7. A 8. C 9. A 10. D
11. B 12. A 13. D 14. B 15. D 16. C 17. A 18. C 19. A 20. C
21. C 22. D 23. B 24. D 25. C 26. A 27. A 28. C 29. A 30. A
31. B 32. B 33. D 34. A 35. B 36. D 37. B 38. B

二、多项选择题

1. AB 2. ABCD 3. CDE 4. ABE 5. ABC 6. BDE 7. ABCDE
8. BDE 9. BCE 10. BCE 11. ACDE 12. AC 13. AD 14. BCD
15. ABDE 16. ABC 17. ACDE

三、简答题

1. 品质标志表明总体单位属性方面的特征,其标志表现只能用文字来表述;数量标志表明总体单位数量方面的特征,其标志表现可以用数值表示,即标志值。

2. 统计指标是反映社会经济现象总体综合数量特征的科学概念或范畴。统计指标反映现象总体的数量特征;一个完整的统计指标应该由总体范围、时间、地点、指标数值和数值单位等内容构成。统计指标和统计标志是一对既有明显区别又有密切联系的概念。

二者的主要区别表现在:指标是说明总体特征的,标志是说明总体单位特征的;指标具有可量性,无论是数量指标还是质量指标,都能用数值表示,而标志却不一定。数量标志具有可量性,品质标志不具有可量性。

二者的主要联系表现在:指标值往往由数量标志值汇总而来;在一定条件下,数量标志和指标存在着变换关系。

3. 统计指标的特点如下:

(1) 数量性(可量性)。一方面,指标所概括的社会经济现象可以用数量来度量;另一方面,指标可以用数学方法来进行加工处理。

(2) 综合性。第一,指标反映的是总体的综合数量特征,其数值是通过综合手段得到的,或是大量单位数的总计,或是大量标志值的综合。第二,指标反映的是抽象掉个别事物间差异后得到的事物的一般数量特征。

(3) 具体性。指标反映的是社会经济现象在一定时间、一定地点、一定条件下的具体的数量特征和数量关系,有具体的社会经济内容,而不是抽象的数字。

4. 变量按变量值的分布状况分为连续型变量和离散型变量。连续型变量取值可带小数点,一般用测量或计算的方法获得,如工资、身高;离散型变量取值一般只能取整数,一般用计数的方法获得,如工人数、机器数。

变量按性质的不同分为确定性变量和随机变量。确定性变量的取值具有趋势性;这种趋势是由某种决定性因素影响作用的结果,如一国的国内生产总值。随机变量的变动没有一个确定的方向,原因是影响因素较多,没有一个起决定性作用的因素,如零件的直径。

5. 可变的数量标志和指标称变量。如年龄、工龄、工资、产量、销售额等都是变量。变量的具体取值称变量值,如年龄为 17、18、19、20(岁)。这里"年龄"为变量,17、18、19、20(岁)为变量值。

6. 由粗略到精细、初级到高级,可将统计数据计量尺度分为定类尺度、定序尺度、定距尺度、定比尺度四个层次。

定类尺度:按照客观现象的某种属性对其进行分类或分组,各类各组之间的关系并列、平等且相互排斥。

定序尺度:对测量对象的属性和特征的类别进行鉴别并能比较类别大小的一种测量方法。

定类数据和定序数据属于定性数据。

定距尺度:又称间隔尺度,是按照某一数量标志将总体划分为若干顺序排列的部分或组,对相同数量或相同数量范围的总体单位或其标志值进行计量的方法。

定比尺度:又称比率尺度,是在定距尺度的基础上,确定可以作为比较的基数,即两种相关的数加以对比,从而形成新的相对数,用以反映现象的构成、比重、速度、密度等数量关系的计量方法。

定距数据和定比数据属于定量数据。

四种计量尺度,高层次计量尺度具有低层次计量尺度的全部特征,高层次数据包含了低层次数据的全部信息内容,能够转换为低层次数据,反之不成立。具体地说,定比数据包含了定距数据、定序数据、定类数据的全部信息内容,也可以转换成定距数据、定序数据、定类数据;定距数据包含了定序数据、定类数据的全部信息内容。

7. 统计有三种含义:统计工作、统计资料、统计科学。站在不同的角度有不同的理解。

第二章 统计调查

【学习辅导】

一、本章学习目的与要求

（1）理解统计调查的概念、基本要求和种类。
（2）掌握统计调查方案的内容。
（3）重点掌握各种专项调查的概念、适用场合及优缺点。
（4）了解统计调查误差。

二、本章内容提要

（一）统计调查的概念和种类

1. 统计调查的概念

所谓统计调查，就是搜集统计资料，即根据一定目的、要求和任务，运用各种科学的调查方法，有计划、有组织地搜集有关现象的各个单位的资料，对客观事实进行登记，获得真实可靠的统计资料的工作过程。

2. 统计调查的基本要求

为了保证调查资料的质量，使它更准确地反映社会经济现象的本质，预测未来。作为编制计划、制定政策的依据，统计调查必须做到以下三点：

（1）准确性。指如实反映客观实际，这是保证统计资料质量的首要环节，如果资料不准确，在此基础上，做出的分析和预测难免会出现错误，势必会影响对经济现象的认识分析，所以说准确性是统计工作的生命。

（2）及时性。指要严格按照调查方案中规定的调查时间，完成各项调查资料的搜集和上报任务，否则，时过境迁失去时效性，延误统计整理、统计分析的时间，会失去应有的作用。

(3)完整性。指调查单位不重复、不遗漏,所列调查项目的资料搜集齐全,同时,搜集资料要具有系统性,便于系统观察,这样才能从不同层次、不同方面反映现象发展的过程、特征及问题,从而做出正确的判断。

3. 统计调查的种类

统计调查可以依据不同的划分标准,从不同角度进行分类。具体分类如下。

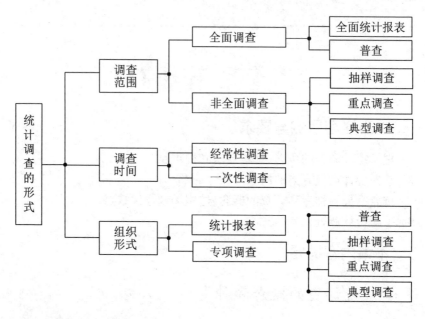

4. 搜集统计资料的方法

搜集统计资料的方法主要有直接观察法、采访法、报告法、问卷调查法和卫星遥感法。

(二)统计调查方案

一份完整的统计调查方案,主要包括以下几方面内容:

(1)确定调查目的。就是要明确统计调查要解决什么问题,这是设计调查方案的首要工作。

(2)确定调查对象和调查单位。就是要解决调查谁,由谁来提供统计资料的问题。

(3)确定调查项目与调查表。确定调查项目就是解决向调查单位调查什么的问题。调查表是将调查项目按一定顺序排列起来而形成的表格。调查表一般有表头、表体、表脚三个组成部分。从形式看,调查表有一览表和单一表两种。

(4) 确定调查时间和调查期限。调查时间是指调查资料所属的时间。调查期限是指进行调查工作的时限。

(5) 制定调查工作的组织实施计划。

(三) 统计调查组织形式

1. 统计报表

统计报表是我国搜集统计资料的一种重要的方式。它是依据国家相关法律法规,自上而下统一布置,以一定的原始资料为依据,按统一的表格形式、统一的指标项目、统一的报送时间和程序,自下而上地逐级定期提供基本统计资料的一种调查方式。

2. 专项调查

1) 普查

普查是指为特定目的而专门组织的一次性的全面调查。用来搜集一定时点上的社会经济现象总量,有时也用来搜集时期现象总量,如出生人口数、死亡人口数等。统计报表不能代替普查。

2) 重点调查

重点调查是指在调查对象中,只选一部分重点单位进行的一种非全面调查。用来反映被研究现象的基本情况和基本趋势。

重点单位是着眼于经济现象的量的方面而言的,尽管这些单位在全部单位中只是一部分,但它们在所研究现象的标志总量中却占较大的比例,其在总体中的地位是举足轻重的。

3) 典型调查

典型调查是一种专门组织的非全面调查,它是根据统计调查的目的和任务,在对所研究的对象进行初步分析的基础上,有意识地选取若干具有代表性的单位进行调查研究,借以认识现象总体发展变化的规律。

4) 抽样调查

抽样调查是按随机原则从调查对象中抽取一部分单位作为样本进行观察,再根据样本资料,对调查对象进行有一定可靠程度的推算的一种非全面调查。

3. 各种统计调查方法结合运用

每种统计调查方法都有优越性和局限性,具有各自的应用条件和适用场合。社会经济是复杂多变的,要搜集社会经济现象中的各种统计资料,只用一种统计调查方法是很难完成的,也不能较好地反映社会经济现象的真实情况。因此,在统计实践工作中,必须根据具体的调查目的、调查对象的特点及性质结合运用不同的调查方法。

4. 我国目前的统计调查体系

我国目前的统计调查体系是以周期性普查为基础,以经常性抽样调查为主体,同时辅之以重点调查、典型调查、科学推算和全面报表结合运用。

(四)统计调查误差

统计调查误差是指统计调查得到的结果与客观实际数量之间存在的差别。

根据误差产生的原因不同,统计误差可以分为登记误差和代表性误差。其中,代表性误差又分为两种情况,一种是系统性误差,另一种是随机性误差,又叫抽样误差。

重点、难点释析

一、统计调查的种类

统计调查可以依据不同的划分标准,从不同的角度进行分类。

【**例 2.1**】 下列属于全面调查的是( )。
A. 重点调查　　B. 抽样调查　　C. 典型调查　　D. 普查
E. 全面统计报表

分析 本题主要考察统计调查的分类,只要了解了分类,就能选出正确答案,答案应选 D、E。

二、四种专项调查的概念、目的和适用场合

专项调查可以分为普查、重点调查、典型调查、抽样调查。普查是指为特定目的而专门组织的一次性的全面调查。普查一般是在全国范围内进行的,涉及的部门多、人员广,需要大量的人力、物力、财力,因此只有重大国情、国力的调查才采取普查的形式。当发生总体单位数无限多、具有破坏性的检验、没有完整的原始数据记录等情况,一般不进行普查。重点调查是指在调查对象中,只选一部分重点单位进行的一种非全面调查。只有存在重点单位才能进行重点调查,调查的目的主要是了解基本情况。典型调查是一种专门组织的非全面调查,它是根据统计调查的目的和任务,在对所研究的对象进行初步分析的基础上,有意识地选取若干具有代表性的单位进行调查研究,借以认识现象总体发展变化的规律。典型调查的前提要求是存在典型单位,主要用于研究新事物,了解新情况,发现新问题,

也可以对具体问题进行深入分析,以补充全面调查的不足。抽样调查是按随机原则从调查对象中抽取一部分单位作为样本进行观察,再根据样本资料,对调查对象进行有一定可靠程度的推算的一种非全面调查。抽样调查适用于那些不能进行或没有必要进行全面调查,但需要掌握全面情况的场合,还可以对普查的结果进行必要的修正。

【例2.2】 对我国几家特大钢铁企业进行调查,借此了解全国钢铁企业生产的基本情况,适合采用(　　)。

  A. 普查　　　　B. 重点调查　　　C. 抽样调查　　　D. 典型调查

分析　对几家特大钢铁企业进行调查,借此了解全国钢铁企业生产的基本情况,满足重点调查的特点和适用场合。重点调查是指在调查对象中,只选一部分重点单位进行的一种非全面调查,以反映被研究现象的基本情况和基本趋势。几家特大钢铁企业在全部钢铁企业中只是一部分,但它们在所研究现象的标志总量中却占较大的比重,在总体中的地位是举足轻重的,所以本题答案为B。

【例2.3】 我国对居民家庭的收入和支出及与其有关的基本经济情况所进行的专门调查属于(　　)。

  A. 普查　　　　B. 重点调查　　　C. 抽样调查　　　D. 典型调查

分析　由于我国居民家庭数有数亿之多,如果进行全面调查需要大量的人力、物力、财力,数据的及时性也不能满足分析的需要,同时,由于大多数家庭并没有家庭收支记录,所以不可能采用全面调查。抽样调查不仅可以根据总体数字特征做出比较精准的估计,而且可以计算估计误差,所以应采用抽样调查,本题答案为C。

二、统计调查方案中的有关概念

(1) 调查目的,是指某一项调查要解决的根本问题。明确调查目的就是要明确统计调查要解决什么问题,它是设计调查方案的首要工作。调查目的决定调查谁,调查什么,采取什么方式调查。即调查目的决定调查对象和调查单位,也决定调查项目和填报单位。

(2) 调查对象,是指需要调查的社会经济现象的总体。调查对象和调查单位在一次调查中是包含和被包含的关系。调查对象是整体,调查单位是个体。确定调查对象就是要确定总体的范围,划清其界限。

(3) 调查单位,是指调查对象中所需调查的具体单位,是调查项目的直接承担者,它可能是全部总体单位,也可能是总体单位的一部分。确定调查单位,就是在调查过程中,明确登记谁的具体标志,即明确调查标志的直接承担者。

(4) 调查项目,是指调查单位的特征或标志,包括品质标志和数量标志。确定调查项目,就是解决向调查单位调查什么的问题。调查项目来源于调查单位,它与调查目的和调查对象有着密切的关系。

(5)填报单位,是指负责向上报告调查内容的企业、事业单位或个人等。确定填报单位,就是明确由谁负责提交统计资料。在调查中,调查单位和填报单位有时一致有时也不一致。

三、各种统计调查方法结合运用的原因

不同的统计调查方法,各有其特点和作用。在实际工作中,并非单用一种方法,而是要多种方法结合运用。原因有两点:一是国民经济和社会发展情况复杂,国民经济门类众多,必须应用多种多样的统计调查方法,才能搜集到丰富的统计资料;二是任何一种统计调查方法,都有其优越性与局限性。不同的统计调查方法有不同的实施条件,只用一种统计调查方法,不能满足多种需要。

【例 2.4】 我国人口资料的调查,主要采用(　　)。
　A. 普查　　　　B. 典型调查　　　C. 抽样调查　　　D. 重点调查
分析　对于人口资料,不宜采用重点调查,因为重点调查要求总体有重点单位,也不适用典型调查,而统计报表只能作为大致了解人口资料的辅助工具。因此,当要获得人口现象这样的时点资料时,我国主要采用十年一度的人口普查和五年一度的人口抽样调查来完成。例如,我国 2010 年进行的第六次人口普查,2015 年进行的 1‰ 人口抽样调查。所以本题答案是 A、C。

习　题

一、单项选择题

1. 统计调查的基本要求是(　　)。
　A. 准确性、及时性、完整性　　　B. 准确性、及时性、周期性
　C. 连续性、及时性、完整性　　　D. 准确性、及时性、连续性
2. 普查是一种专项调查,是对调查对象的(　　)进行观察登记。
　A. 全部单位　　　　　　　　　　B. 一部分单位
　C. 典型单位　　　　　　　　　　D. 一部分重点单位
3. 统计调查中的专门调查有(　　)。
　A. 统计报表、重点调查和抽样调查
　B. 经常性调查和一次性调查

C. 全面和非全面调查

D. 普查、重点调查、典型调查和抽样调查

4. 下列属于经常性调查的是(　　)。

　　A. 经济普查

　　B. 对某品牌的空调市场占有率的调查

　　C. 调查几大彩电厂商,借此了解全国彩电的生产情况

　　D. 工业企业按月报送的销售额

5. 一次性调查是指(　　)。

　　A. 只做过一次的调查

　　B. 间隔较长一段时间进行一次的调查

　　C. 间隔较短一段时间进行一次的调查

　　D. 间隔一年进行一次的调查

6. 对具有破坏性的产品检验,一般宜采用(　　)。

　　A. 全面调查　　　　　　　　B. 典型调查

　　C. 抽样调查　　　　　　　　D. 重点调查

7. 统计报表是(　　)。

　　A. 全面调查　　　　　　　　B. 非全面调查

　　C. 全面或非全面调查　　　　D. 一次性调查

8. 在某一调查中,调查目的是全面掌握某市国有企业生产经营状况的资料,则该市"每一家国有企业"是(　　)。

　　A. 调查对象　　　　　　　　B. 调查单位

　　C. 调查项目　　　　　　　　D. 以上都不对

9. 要全面掌握某市国有企业生产经营状况的资料,则该市每一家国有企业的"产值、销售收入、利润"等是(　　)。

　　A. 填报单位　　　　　　　　B. 调查单位

　　C. 调查项目　　　　　　　　D. 调查对象

10. 调查时间的含义是(　　)。

　　A. 调查工作的期限　　　　　B. 调查资料报送的时间

　　C. 调查资料所属的时间　　　D. 进行调查的时间

11. 重点调查中的重点单位是指(　　)。

　　A. 在社会中的重点单位或部门

　　B. 具有代表性的单位

　　C. 标志总量在总体中占有很大比重的单位

D. 能用以推算总体标志总量的单位

12. 下列调查中,调查单位与填报单位一致的是(　　)。
    A. 企业设备调查　　　　　　B. 人口普查
    C. 农村耕地调查　　　　　　D. 工业企业现状调查

13. 了解某商业企业期末商品库存量,调查人员亲自盘点库存,这种搜集资料的方法是(　　)。
    A. 大量观察法　　　　　　　B. 采访法
    C. 直接观察法　　　　　　　D. 报告法

14. 非全面调查中最完善且最有科学依据的调查方式是(　　)。
    A. 非全面统计报表　　　　　B. 重点调查
    C. 典型调查　　　　　　　　D. 抽样调查

15. 在全面调查中不会出现的误差是(　　)。
    A. 登记性误差　　　　　　　B. 代表性误差
    C. 测量误差　　　　　　　　D. 计算误差

16. 调查项目的直接承担者是(　　)。
    A. 调查对象　　　　　　　　B. 调查单位
    C. 填报单位　　　　　　　　D. 填报对象

17. 在统计调查中,调查标志的承担者是(　　)。
    A. 调查单位　　　　　　　　B. 调查对象
    C. 填报单位　　　　　　　　D. 调查表

18. 统计调查误差的代表性误差(　　)。
    A. 只在抽样调查中存在
    B. 只在典型调查中存在
    C. 只在重点调查中存在
    D. 存在于所有的非全面调查中

二、多项选择题

1. 我国的统计调查方法有(　　)。
    A. 统计报表　　　B. 普查　　　　C. 重点调查
    D. 抽样调查　　　E. 典型调查

2. 人口普查属于(　　)。
    A. 全面调查　　　B. 非全面调查　C. 一次性调查
    D. 经常性调查　　E. 专项调查

3. 抽样调查的优越性表现在以下哪几个方面？（　　）
   A. 全面性　　　　B. 经济性　　　　C. 时效性
   D. 灵活性　　　　E. 准确性

4. 调查乡镇企业的生产情况，则每一个乡镇企业是（　　）。
   A. 调查主体　　　B. 调查对象　　　C. 调查单位
   D. 填报单位　　　E. 总体单位

5. 下列属于统计调查搜集统计资料的方法有（　　）。
   A. 大量观察法　　B. 统计描述法　　C. 直接观察法
   D. 报告法　　　　E. 采访法

6. 代表性误差可能产生于（　　）。
   A. 普查中　　　　B. 重点调查中　　C. 抽样调查中
   D. 典型调查中　　E. 全面统计报表中

7. 调查表从形式上看可分为（　　）。
   A. 日报表　　　　B. 月报表　　　　C. 一览表
   D. 单一表　　　　E. 年报表

8. 我国第六次人口普查规定的标准时间是 2010 年 11 月 1 日 0 时，下列选项中不应计入人口数的是（　　）。
   A. 2010 年 11 月 2 日出生的婴儿
   B. 2010 年 11 月 1 日 1 时死亡的人
   C. 2010 年 10 月 31 日 23 时死亡的人
   D. 2010 年 10 月 31 日 8 时出生，23 时死亡的婴儿
   E. 2010 年 10 月 31 日 8 时出生，11 月 5 日 11 时死亡的婴儿

9. 产生登记性误差的原因是（　　）。
   A. 计量、记录错误　　　B. 计算、抄录错误
   C. 虚报瞒报　　　　　　D. 样本推断总体的不确定性
   E. 逐级上报汇总错误

10. 统计调查方案的主要内容有（　　）。
    A. 确定调查目的
    B. 确定调查项目和调查表
    C. 确定调查对象和调查单位
    D. 确定调查时间和调查期限
    E. 编制调查工作的组织实施计划

三、简答题

1. 什么是统计调查？统计调查的基本要求有哪些？
2. 确定调查项目应注意什么？
3. 一个完整的统计调查方案应该包括哪些内容？
4. 什么是典型调查，典型调查选取典型代表有哪两种方式？
5. 简述我国现行的统计调查体系。
6. 典型调查、重点调查和抽样调查有何异同？
7. 统计调查误差有哪几种？
8. 为什么要将各种统计调查方法结合运用？

习题参考答案

一、单项选择题

1．A　2．A　3．D　4．D　5．B　6．C　7．C　8．B　9．C　10．C　11．C　12．D　13．C　14．D　15．B　16．B　17．A　18．D

二、多项选择题

1．ABCDE　2．ACE　3．BCDE　4．CDE　5．CDE　6．BCD　7．CD　8．ACD　9．ABCE　10．ABCDE

三、简答题

1．所谓统计调查，就是搜集统计资料，即根据统计研究目的、要求和任务，运用各种科学的调查方法，有计划、有组织地搜集统计资料的工作过程。

统计调查必须做到以下基本要求：

（1）准确性。是指如实反映客观实际，这是保证统计资料质量的首要环节。

（2）及时性。是指要严格按照调查方案中规定的调查时间，完成各项调查资料的搜集和上报任务。

（3）完整性。是指调查单位不重复、不遗漏，所列调查项目的资料搜集齐全，同时，搜集资料要具有系统性，便于系统观察。

2．在一次调查中选择什么调查项目，选择多少调查项目，是由调查目的和调查单位的特点决定的，因为调查项目的选择，直接关系到调查资料的数量和质量，一般要注意以下几点：① 应选择调查目的所必需的项目。对可有可无的项目,不反映调查单位本质的项目,可省即省；② 选择能够确切获得资料的项目。有些项目在实际工作中虽然需要,但在现实中无法获得确切资料,不应列入调查项目；③ 项目与项目之间要相互衔接、相互联系,便于比较分析；④ 调查项目应有确切的含义和统一的解释,不能模糊不清。

3. 一个完整的统计调查方案应该包括如下内容：① 确定调查目的；② 确定调查对象和调查单位；③ 确定调查项目与调查表；④ 确定调查时间和调查期限。调查时间是指调查资料所属的时间,调查期限是指进行调查工作的时限；⑤ 制定调查工作的组织实施计划。

4. 典型调查是一种非全面调查,它是在对所研究的现象总体进行分析的基础上,有意识地选择若干个具有代表性的典型单位进行深入、周密、系统的调查研究,借以认识事物发展变化的规律。

一般来说,典型调查选取典型单位有两种方式：一种是一般的典型调查,即对个别典型单位的调查研究。在这种典型调查中,只需在总体中选出少数几个典型单位,通过对这几个典型单位的调查研究,用以说明事物的一般情况或事物发展的一般规律。另一种是划类选典的典型调查,即将调查总体划分为若干类,再从每类中选择若干个典型进行调查,以说明各类的情况。

5. 我国的统计调查体系是建立以必要的周期性普查为基础,以经常性抽样调查为主体,同时辅之以重点调查、典型调查、科学推算和全面报表综合应用的统计调查体系。

6. 典型调查、重点调查和抽样调查的区别主要有：① 调查单位的选取方法不同；② 研究目的不同；③ 适用的场合不同；④ 推断总体的可靠程度不同。

7. 统计调查误差是指统计调查得到的结果与客观实际数量之间存在的差别。根据误差产生的原因不同,统计误差可分成如下几类。

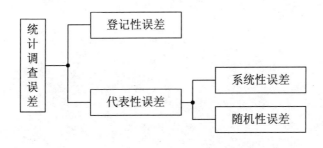

8. 不同的统计调查方法,各有其特点和作用。在实际工作中,并非单用一种方法,而是要多种方法结合运用。原因有两点:一是国民经济和社会发展的情况复杂,国民经济门类众多,必须应用多种多样的统计调查方法,才能搜集到丰富的统计资料;二是任何一种统计调查方法,都有其优越性与局限性。不同的统计调查方法有不同的实施条件,只用一种统计调查方法,不能满足多种需要。

第三章 统计整理

学习辅导

一、本章学习目的与要求

（1）了解统计整理的概念和基本步骤。
（2）理解统计分组的意义、作用和方法。
（3）掌握变量数列的分类以及变量数列的编制方法。
（4）掌握各统计图的特点和画法。
（5）了解统计表的构成、种类和编制统计表的规则。
（6）掌握常用统计图的绘制。

二、本章内容提要

（一）统计整理的概念和程序

1. 统计整理的概念

统计整理是指根据统计研究的目的和任务的要求，对统计调查阶段所搜集到的各项原始资料进行科学的分类和汇总，为统计分析提供准确、系统、条理清晰、能在一定程度上反映总体特征的综合资料的工作过程。从广义上讲，这项工作也包括对次级资料进行的再加工。

2. 统计整理的程序

统计整理一般要经过以下程序：
（1）制定统计整理方案。
（2）对统计资料进行审核。
（3）对统计资料进行分组和汇总。
（4）编制统计图表。

(5) 进行统计资料汇编,系统地积累历史资料,以备需要时查用。

(二) 统计分组的概念、原则和作用

1. 统计分组的概念

统计分组是指根据统计研究的目的,按照一定的标志将总体划分为若干个性质不同的部分的一种统计方法。统计分组同时具有两个方面的含义:对总体而言是"分",即将整体划分为性质相异的若干部分;对总体单位而言是"合",即将性质相同的总体单位合并到同一组。这样,对于作为分组标准的标志而言,组与组之间具有差别性,而同一组内的单位保持相对的同质性。

2. 统计分组的原则

统计分组在逻辑上要遵循"穷尽"和"互斥"的原则。

所谓穷尽,即总体内的每个单位都能找到各自所属的组。这样就要求分组以后的各子项(划分以后的组)之和应等于母项(须划分的总体)。所谓互斥,就是各个组的范围应该互不相容,互相排斥。即每个总体单位在特定的分组标志下只能归属于某一组。

3. 统计分组的作用

统计分组主要有以下三个作用:① 区分社会经济现象的类型;② 研究总体的内部结构及其变化;③ 探讨现象之间的依存关系。

(三) 统计分组的方法

1. 分组标志的选择

统计分组的关键在于正确选择分组标志和划分各组界限。如果分组标志选择不当,分组结果就难以正确反映总体特征;如果各组界限划分不清,难免会失去分组的意义。一般来说,必须遵循以下基本原则:① 根据研究的目的与任务,选择分组标志;② 要选择能够反映现象本质特征的标志;③ 考虑现象所处的历史条件及经济条件,选择分组标志。

2. 按品质标志分组和数量标志分组

分组标志按其性质可以分为品质标志和数量标志两类。统计总体可按品质标志分组,也可按数量标志分组。

3. 简单分组与分组体系

简单分组是指对总体只按一个标志进行分组。分组体系,就是根据统计分析的要求,通过对同一总体进行多种不同的分组而形成的一种相互联系、相互补充,并从多方面反映总体内部关系的体系。分组体系包括平行分组体系和复合分组

体系。

（四）统计再分组

在利用次级资料进行统计研究时，有时资料的分组显得不科学、不合理，或者原分组不能满足分析研究的目的和需要，这时需要对原分组资料进行再分组，在再分组时，需要按比例调整有关数据。统计再分组有两种方法：一种是按原来的分组标志，但改变组距及各组界限，据此计算各新组次数；另一种是变换分组标志，重新分组并计算各组次数。

（五）次数分布的概念

在统计分组的基础上，将总体单位按类归并，形成了总体单位在各组间的分布，称为次数分布或频数分布，分布于各组的单位数称次数，又称频数。各组次数与总次数之比称频率，又称比率。分别将组别与次数或频率按一定的顺序排列所形成的数列称分布数列。

（六）分布数列

1. 分布数列的分类

根据分组标志的性质不同，分布数列可分为品质分布数列与变量分布数列。按品质标志分组形成的分布数列称为品质分布数列，简称品质数列。按数量标志分组形成的分布数列称为变量分布数列，简称变量数列。

2. 变量数列的分类

变量数列按分组标志性质的不同可分为离散型变量数列和连续型变量数列，两种变量数列又可进一步分类如下：

$$
\text{变量数列}\begin{cases}\text{离散型}\begin{cases}\text{单项式}\\ \text{组距式}\begin{cases}\text{等距数列}\\ \text{异距数列}\end{cases}\end{cases}\\ \text{连续型}\begin{cases}\text{等距数列}\\ \text{异距数列}\end{cases}\end{cases}
$$

（七）变量数列的编制

组距式数列的编制主要包括以下几个步骤：

1. 求全距

全距是最大变量值与最小变量值之差，表明标志值的变动范围，一般用字母

R 表示。

2. 确定组距、组数和组限

组限是指分组的数量界限,包括上限和下限,上限是指各组的最大变量值,下限是指各组的最小变量值,上限一般用 U 表示,下限用 L 表示。组距是各组的最大变量值与最小变量值之差,一般用 d 表示。即 $d=U-L$。组距的大小和组数的多少是相互制约、成反比例关系的。组距越大,组数就越少;反之,则越多。在决定组距和组数时原则上要使所分的组能够反映现象的不同特征,即通过组距分组以后,能把性质相同的单位归并在一起,把各组内部单位的次要差异抽象掉,使各组间的差异突显出来。

等距数列由于各组组距相等,因此有

$$组距 = 全距 \div 组数$$

组数和组距确定之后,需要进一步确定组限,在确定组限时,具体应考虑以下几方面:① 组限最好用整数表示,一般为 10 或 100 等数的整数倍;② 应使最小组的下限低于或等于最小变量值,最大组的上限高于或等于最大变量值,当变量值中有极小值或极大值时,就需用开口组表示,所谓开口组,就是缺上限或缺下限的组,通常用"××以上"或"××以下"表示;③ 对于连续型变量,相邻两组的组限应重叠,并习惯按照"归下不归上"的原则处理,也就是说与上限值相同的变量值不在本组内,而应归入下一组。对于离散型变量,相邻两组的上、下限必须间断。但是,在实际工作中,为了保证不重复、不遗漏总体单位,对于离散型变量也常常采用连续型变量的组限表示方法。

3. 计算各组的单位数

通过手工汇总或电子计算机汇总,在变量分组确定之后,直接计算各组的单位数,然后将其用数列表示即可。

(八) 组中值的计算

在编制组距数列时,分布在各组的实际变量值已被变量值变动的范围所取代,因此在统计分析时,往往用组中值来反映各组实际变量值的一般水平,即取各组变量取值变化的中间值。组中值的计算公式为

$$组中值 = \frac{上限 + 下限}{2}$$

但是,组距数列的第一组和最后一组如果采用开放式,即第一组用"××以下",最后一组用"××以上"来表示。那么这样的组称为"开口组"。

缺少下限的组之组中值的计算公式为

$$组中值 = 上限 - \frac{相邻组组距}{2}$$

缺少上限的组之组中值的计算公式为

$$组中值 = 下限 + \frac{相邻组组距}{2}$$

(九) 次数分布的特征

次数分布主要有三种类型:钟形分布、U形分布、J形分布。

(十) 统计表

1. 统计表的意义

统计表是指用纵横交叉的线条所构成的用来表现统计资料的表格。它能够系统地组织和合理安排大量的数字资料,简略过多的文字表述,使人在阅读时一目了然,便于直接对照比较,分析研究。

2. 统计表的构成

统计表从形式上看是由总标题、横行标题、纵栏标题、数字资料四部分构成。统计表从内容上看,包括主词和宾词两个部分。

3. 统计表的种类

(1) 按主词结构不同可分为简单表、分组表、复合表。

(2) 按其作用不同可分为调查表、整理表、分析表。

(十一) 统计图

1. 条形图(bar chart)

条形图是用宽度相同的条形的高度或长短来表示各组次数的图形。条形图可以横置或纵置,纵置时也称为柱形图。条形图有单式、复式等形式。

2. 直方图(histogram)

直方图是用直方形的宽度和高度来表示次数分布的图形。绘制直方图时,横轴的划分应标明各组组限,以直方图的高度表示各组次数,其宽度与各组组距相适应。

如果是异距数列,则通常按次数密度绘制直方图,以表示其分布,以便更准确地反映客观实际情况。

3. 茎叶图(stem-and-leaf plot)

茎叶图又称"枝叶图",茎叶图由"茎"和"叶"两部分构成,将数的大小基本不变或变化不大的位作为一个树茎(茎),将变化大的位的数作为分枝(叶),列在主干的后面,这样就可以清楚地看到每个主干后面的每个数具体是多少。制作茎叶图的关键是设计好树茎,通常是以该组数据高位数值作为"茎",以个位数作为"叶"。

4. 圆形图(pie graph)

圆形图也叫饼图,是用圆形及圆内扇形面积的大小来表示统计数字大小的图形。圆形图主要用来描述总体的内部构成情况,每一个扇形用来表示总体中所对应组所占的比例,扇形越大的块对应的组所占比例越大,反之越小。

5. 圆环图(doughnut chart)

圆环图是把总体数据显示为一个圆环,每组数据显示为圆环的一个部分,用以表示总体中各组成部分所占的比例。与圆形图不同的是圆形图只能表示一个总体的内部构成比例,而圆环图的每一个圆环都可以表示一个总体,所以圆环图可以显示多个总体的内部比例结构,有利于不同总体内部结构进行对比分析。

6. 二维散点图(2D scatter plot)

二维散点图是用二维坐标来刻画两个变量之间关系的一种图形。坐标轴横轴代表变量 x,纵轴代表变量 y,每对观察值(x_i,y_i)用平面坐标系的一个点来表示,n 对数据在坐标系中就形成 n 个点,这些点就称为散点,由坐标系和散点所构成的图形称为散点图。

7. 线性图(line plot)

线性图分为一般线性图和时间序列线性图。一般线性图是在散点图的基础上,按照一定的顺序将各个散点用线段或曲线连接起来所形成的统计图形。时间序列线性图是以时间为横轴,观察变量为纵轴,用以反映现象数量在时间上的变化关系。坐标轴横轴代表时间 t,纵轴代表变量 y,每对观察值(t_i,y_i)用平面坐标系的一个点来表示,n 对数据在坐标系中就形成 n 个点,然后用线段或光滑曲线按时间先后把这些点连接起来所形成的图形称为时间序列线性图。实践中,时间序列线性图一般用线段连接各个散点。

8. 雷达图(radar chart)

当研究的变量只有 2 个时,可以用平面直角坐标系进行绘图,当有 3 个变量时,虽可用三维坐标绘图,但看起来很不方便,特别当变量多于 3 个时,利用一般的绘图方法很难做到。为此,当人们研究多个变量时常用雷达图,它是一种多指标的图示方法。雷达图是以从同一点开始的轴上表示的 3 个或更多个定量变量的二维图表的形式,显示多变量数据的图形方法。轴的相对位置和角度通常是无信息的。

第三章 统计整理

设有 n 组数据,均有相同的 p 个变量 $X_1, X_2, \cdots, X_p$,要绘制这 p 个变量的雷达图,具体做法是:先作一个圆,然后将这个圆分成 p 等份,这样在圆上可取 p 个点,这 p 个点分别对应 p 个变量,再将这 p 个点与圆心相连,得到 p 根辐射半径,这 p 根半径分别作为这 p 个指标的坐标轴,各组数据每个变量的变量值的大小由在这条线上的点到圆心的距离表示,这样每组数据依次可得到 p 个点,将各个组的 p 个点按顺序用线段连接,就可得到这 n 组数据的雷达图。雷达图在比较分析不同组数据的变量值时非常有用,而且还可研究不同组数据的相似程度。

重点、难点释析

统计整理是整个统计工作的中间环节,起着承上启下的作用。统计分组则是统计整理的关键,它直接关系到统计研究工作的成败。如何对统计调查所得的资料进行审核,如何做到科学分组,这对一个初学者来说具有一定的难度。下面,就大家在学习过程中常遇到的几个典型问题加以阐释,以加深大家对本章相关知识的理解。

一、对统计调查所搜集的原始资料的审核方法

由于统计资料的质量应满足准确性、及时性、完整性,因此,对于统计调查所获得的原始资料,应从准确性、及时性和完整性三个方面去审核。准确性是审核的重点,即检查资料是否真实可靠,是否符合客观实际情况。审核数据准确性的方法主要有逻辑检查和计算检查。逻辑检查主要审核原始数据的内容是否合理、是否符合逻辑,各项目或数字之间有无相互矛盾的地方。计算检查是检查调查表中的各项数据的计算方法是否恰当、计算结果有无差错、计量单位是否正确。及时性审核就是检查所有填报单位的资料是否及时送到。完整性审核主要检查应调查的单位或个体是否有遗漏,所有应填写的调查项目是否填写齐全。

二、根据调查资料选择编制单项式数列还是组距式数列

变量数列按照形式不同可分为单项式数列和组距式数列两种。选择编制单项式数列还是组距式数列,主要取决于所研究变量的类型及变量的变动幅度。如果按连续型变量分组,一般只能编制组距式数列。按离散型变量分组则要根据其变量值的个数以及变动幅度的大小来确定,当变量值个数较少且变动幅度较小

时,可编制单项式数列;当变量值个数较多且变动幅度较大时,应编制组距式数列。

三、合理确定各组组限、组中值

在组距式分组中合理确定各组上、下限的具体数值,即合理安排上、下限坐落,关系到统计整理能否反映实际情况。这就要求在分组之前,应该对总体各单位标志值的高低、分布情况进行仔细分析,在分布比较集中的标志中确定各组的中心位置,然后再根据组距的大小定出上、下限,尽可能使各组内总体单位的标志值分布得比较均匀。

【例 3.1】 某地区考核 20 家工业企业的计划完成程度情况,各企业的实际计划完成程度指标按大小顺序排列如下:

    6.5%   9.8%   11.3%   13.7%   15.9%
    16.3%   18.6%   18.7%   18.9%   19.3%
    19.6%   19.8%   20.9%   21.5%   21.8%
    22.3%   24.5%   26.7%   28.6%   29.6%

根据以上资料,若采用第一组为 0~10%,在这种分组条件下,第一组的上、下限坐落明显不妥,因为 0 过低于 6.5%,它的组中值还未达到最小标志值 6.5%,因此,在进行分析或计算平均指标时,用组中值作为该组的代表值,显然与实际情况差异太大,不符合实际情况。

组中值是各组变量值范围的中间数值,通常可根据各组的上、下限计算出来,即

$$组中值 = \frac{上限 + 下限}{2}$$

但是,组距数列的第一组和最后一组如采用开放式,即第一组用"××以下",最后一组用"××以上"来表示。这样的组称为"开口组"。

缺少下限的组之组中值的计算公式为

$$组中值 = 上限 - \frac{相邻组组距}{2}$$

缺少上限的组之组中值的计算公式为

$$组中值 = 下限 + \frac{相邻组组距}{2}$$

但是,第一组用"××以下",按上面计算公式计算的结果也不符合现实情况,则应该先计算其假设下限,假设下限=上限-相邻组组距,若计算的假设下限不

符合现实情况,则应按现实情况调整,调整之后的值作为第一组的假设下限,然后利用下面的公式计算。计算公式为

$$组中值 = \frac{第一组假设下限 + 第一组上限}{2}$$

四、根据调查资料选择等距分组还是异距分组

进行组距式分组包括等距分组和异距分组两种,是选择等距分组还是异距分组,主要是根据所研究对象的分布特点来决定的,如果变量值变化较均匀可采用等距分组。在社会经济统计中有些现象的分布高度偏斜,标志值的变动并不均衡,变动的幅度差异很大,就不宜采用等距分组,就必须采用异距分组。

一般来说,等距分组得到的等距数列能清楚地反映总体的分布特征,便于各组单位数的直接对比,绘制统计图,也便于计算各项综合指标,简化计算方法,因此,应尽可能采用等距分组。而异距分组得到的异距数列能比较准确地反映总体内部各组成部分的性质差异。

习 题

一、单项选择题

1. 统计分组就是根据统计分析的需要,将总体(　　)区分为若干组成部分。
   A. 按品质标志　　　　　　　B. 按数量标志
   C. 按数量指标　　　　　　　D. 按一定标志
2. 将统计总体按某一标志分组的结果表现为(　　)。
   A. 组内同质性,组间差异性
   B. 组内差异性,组间差异性
   C. 组内差异性,组间同质性
   D. 组内同质性,组间同质性
3. 统计分组的首要问题是(　　)。
   A. 划分各组界限　　　　　　B. 确定组数
   C. 选择分组标志　　　　　　D. 确定组距
4. 变量数列是(　　)。
   A. 按数量标志分组的数列
   B. 按品质标志分组的数列

C. 按数量标志或品质标志分组的数列

D. 按数量指标分组的数列

5. 某同学统计学考试成绩为90分,应将其计入( )。

A. 成绩为90分以下的人数中

B. 成绩为80~90分的人数中

C. 成绩为90~100分的人数中

D. 根据具体情况来具体确定

6. 在编制组距数列时,当资料中存在少数特大和特小的变量值时,宜采用( )形式处理。

A. 开口组　　　B. 等距　　　C. 闭口组　　　D. 不等距

7. 各组上、下限简单平均等于( )。

A. 组数　　　B. 组距　　　C. 组限　　　D. 组中值

8. 在组距分组时,对于连续型变量,相邻两组的组限( )。

A. 必须间断　　　　　　　B. 必须重叠

C. 必须是5的整数倍　　　D. 可以间断,也可重叠

9. 某连续型变量,其末组为开口组,下限为600,又知其邻组的组中值为580,则其末组的组中值为( )。

A. 590　　　B. 600　　　C. 610　　　D. 620

10. 等距数列和异距数列是组距数列的两种形式,其中等距数列是指( )。

A. 各组次数相等的数列　　　B. 各组次数不相等的数列

C. 各组组距相等的数列　　　D. 各组组距不相等的数列

11. 对总体进行分组时,采用等距数列还是异距数列,取决于( )。

A. 次数的多少　　　　B. 变量的大小

C. 组数的多少　　　　D. 现象的性质和研究的目的

12. 某村企业职工最高工资为426元,最低工资为270元,据此分为6个组,形成闭口式等距数列,则组距应为( )。

A. 71　　　B. 26　　　C. 156　　　D. 132

13. 统计整理的对象主要是( )。

A. 统计调查的原始资料　　　B. 经过加工的次级资料

C. 经过整理的统计指标　　　D. 用于统计分析的分析资料

14. 对车间工人进行如下分组,这是( )。

分 组		人 数（人）
按性别分组	男	70
	女	30
按年龄分组	40 岁以下	65
	40 岁以上	35

    A. 简单分组   B. 平行分组体系
    C. 复合分组体系   D. 以上都不对

15. 统计表中的宾词指的是（　　）。
    A. 总体的名称   B. 统计表的横行标题
    C. 统计表的纵栏标题   D. 指标名称和数值

16. 主词按时间顺序排列的统计表称为（　　）。
    A. 简单表   B. 分组表   C. 复合表   D. 调查表

17. 下列分组属于按变量分组的是（　　）。
    A. 人口按性别分组   B. 学生按居住地分组
    C. 职工按工资分组   D. 产品按用途分组

18. 在分组时，当遇到某单位的标志值正好等于相邻两组的上、下限值时，一般是（　　）。
    A. 将此单位归入上限所在组   B. 将此单位归入下限所在组
    C. 将此单位列入这两组均可   D. 单独再列一组

19. 次数分布中的次数是指（　　）。
    A. 划分各组的数量标志   B. 分组的组数
    C. 分布在各组的单位数   D. 标志变异个数

20. 填写统计表时，当发生某项不应有数字时，应用（　　）符号表示。
    A. 0   B. —   C. ×   D. …

二、多项选择题

1. 统计分组的作用有（　　）。
    A. 反映总体的规模   B. 说明总体单位的特征
    C. 区分社会经济现象的不同类型   D. 研究总体的内部结构
    E. 分析现象间的依存关系

2. 属于按品质标志分组的有（　　）。

A. 职工按工龄分组   B. 学生按健康状况分组

  C. 企业按经济类型分组   D. 企业按职工人数分组

  E. 人口按居住地分组

3. 统计表从构成形式上看,一般包括(　　)。

  A. 总标题   B. 横行标题

  C. 纵栏标题   D. 数字资料

  E. 调查单位

4. 下面表示的数列属于(　　)。

按月奖金额(元)	职工人数(人)
500 以下	18
500～1500	36
1500～3000	34
3000 以上	12
合　计	100

  A. 品质数列   B. 变量数列

  C. 组距数列   D. 等距数列

  E. 异距数列

5. 在组距数列中,组中值(　　)。

  A. 是上限与下限的中点数

  B. 在开口组中可参照相邻组来确定

  C. 在开口组中无法计算

  D. 是用来代表各组标志值的一般水平

  E. 就是组平均数

6. 统计表从内容上看,由(　　)组成。

  A. 总标题   B. 横行标题

  C. 纵栏标题   D. 主词

  E. 宾词

7. 在确定分组的组数和组距时,需要考虑(　　)。

  A. 将总体分布的数字特征反映出来

B. 组内的同质性和组间的差异性
C. 总体单位数
D. 变量值的取值范围
E. 现象本身的内在特点

8. 采用等距分组还是异距分组,取决于( )。
   A. 现象本身的内在特点   B. 变量值的多少
   C. 数据分布是否均匀   D. 次数的大小
   E. 组数的多少

三、简答题

1. 简述统计分组的概念、原则及统计分组的作用。
2. 什么是分组标志？如何选择分组标志？
3. 在编制变量数列时,采用组距式分组还是单项式分组取决于什么？
4. 在采用组距式分组时,确定各组组限应考虑哪些因素？

四、计算题

1. 某班学生的统计学考试成绩(单位:分)如下:

46	54	60	65	67	68	68	69
70	70	73	73	74	75	75	76
77	78	79	79	81	81	82	82
82	83	83	84	85	87	87	87
88	88	89	89	91	94	96	98

要求:

(1) 试根据上述资料分成以下 5 组:不及格(60 分以下)、及格(60～70 分)、中等(70～80 分)、良好(70～80 分)、优秀(90～100 分),编制次数分配数列表。

(2) 画出成绩等级分布的圆形图。

2. 已知一车间 16 名工人的资料如下:

工人编号	性别	工龄(年)	文化程度	技术等级
01	男	9	高中	4
02	男	4	大专	3
03	男	2	本科	2
04	女	6	大专	4
05	男	1	本科	1
06	男	8	高中	3
07	女	3	大专	2
08	女	2	高中	1
09	男	5	大专	4
10	女	5	高中	2
11	男	7	大专	4
12	男	6	大专	3
13	女	3	大专	3
14	女	6	大专	3
15	男	4	本科	4
16	男	5	高中	3

要求：

(1) 按性别和文化程度分别编制品质数列。

(2) 按技术等级编制单项式数列。

(3) 按工龄编制组距为3的等距数列。

3. 某生产车间50名工人日加工零件数(单位:个)如下：

```
116  121  124  129  139  106  117  130  122  125
107  131  125  117  122  133  126  122  118  108
110  118  123  126  133  134  127  123  118  112
112  134  127  123  119  113  120  123  127  135
137  114  120  128  124  115  138  128  124  121
```

要求：

(1) 根据上述资料编制组距为5的分布数列。

(2) 根据上述编制的分布数列绘制直方图。

4. 某班 40 名学生,高考数学成绩(单位:分)如下:

91	95	98	101	105	107	107	108	109	110
113	113	116	117	117	118	118	118	119	119
121	123	125	125	126	126	127	128	129	130
131	132	135	135	136	137	139	141	142	148

试利用上述数据画出茎叶图。

习题参考答案

一、单项选择题

1. D 2. A 3. C 4. A 5. C 6. A 7. D 8. B 9. D 10. C 11. D 12. B 13. A 14. B 15. D 16. A 17. C 18. B 19. C 20. B

二、多项选择题

1. CDE 2. BCE 3. ABCD 4. BCE 5. ABD 6. DE 7. BDE 8. AC

三、简答题

1. 统计分组是指根据统计研究的目的,按照一定的标志将总体划分为若干个性质不同的部分的一种统计方法。统计分组同时具有两个方面的含义:一是对总体而言是"分",即将整体划分为性质相异的若干部分;二是对总体单位而言是"合",即将性质相同的总体单位合并到同一组。

统计分组在逻辑上要遵循"穷尽"和"互斥"。

统计分组的作用主要有:① 区分社会经济现象的类型;② 研究总体的内部结构及其变化;③ 探讨现象之间的依存关系。

2. 分组标志就是划分总体单位为性质不同的组的标准或依据。任何事物都有许多标志,但如何在特定的研究目的下选择合适的分组标志对于达到统计研究目的至关重要。一般来说,必须遵循以下基本原则:① 根据研究的目的与任务,选择分组标志;② 要选择能够反映现象本质特征的标志;③ 考虑现象所处的历史条件及经济条件,选择分组标志。

3. 变量数列按照形式不同可分为单项式数列和组距式数列两种。选择编制单项式数列还是组距式数列,主要取决于所研究变量的类型以及变量的变动幅度。如果按连续型变量分组,一般只能编制组距式数列。按离散型变量分组则要根据其变量值的个数以及变动幅度的大小来确定,如果变量值个数较少且变动幅度较小时,可编制单项式数列;如果变量值个数较多且变动幅度较大时,应编制组距式数列。

4. 确定组限应从以下几方面考虑:① 组限最好采用整数表示,一般为 10 或 100 等数的整数倍;② 应使最小组的下限低于或等于最小变量值,最大组的上限高于或等于最大变量值,当变量值中有极小值或极大值时,就需用开口组表示,所谓开口组,就是缺上限或缺下限的组,通常用"××以上"或"××以下"表示;③ 对于连续型变量,相邻两组的组限应重叠,并习惯按照"归下不归上"的原则处理,也就是说与上限值相同的变量值,不在本组内,而应归入下一组。对于离散型变量,相邻两组的上、下限必须间断。但是,在实际工作中,为了保证不重复、不遗漏总体单位,对于离散型变量也常常采用连续型变量的组限表示方法。

四、计算题

1.(1)按成绩等级分组如下:

按成绩等级分组	学生人数(人)	占学生比重(%)
不及格	2	5
及格	6	15
中等	12	30
良好	14	35
优秀	6	15
合　计	40	100

(2)圆形图如下:

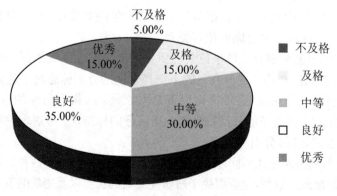

2.（1）按性别和文化程度分别编制品质数列分别如下：

按性别分	工人人数（人）
男	10
女	6
合　计	16

按文化程度分	工人人数（人）
高中	5
大专	8
本科	3
合　计	16

（2）按技术等级编制的单项式数列如下：

技术等级	工人人数（人）
1	2
2	3
3	6
4	5
合　计	16

（3）按工龄编制的组距数列如下：

工龄（年）	工人人数（人）
1～3	5
4～6	8
7～9	3
合　计	16

3.（1）编制分布数列：

第一步求全距，$R=\max(x_i)-\min(x_i)=139-106=33$。第二步求组数，组数 $=\dfrac{\text{全距}}{\text{组距}}=\dfrac{33}{5}\approx 7$，所以将上述资料分为以下 7 组：105～110；110～115；115～120；120～125；125～130；130～135；135～140。第三步计算各组单位数，结果如下：

按零件数分组(个)	频数(人)	频率(%)
105~110	3	6
110~115	5	10
115~120	8	16
120~125	14	28
125~130	10	20
130~135	6	12
135~140	4	8
合　计	50	100

(2) 根据上表制成的直方图如下：

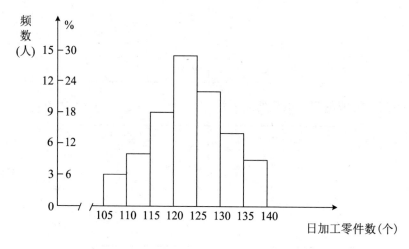

4. 绘制的茎叶图如下：

```
 9 | 1 5 8
10 | 1 5 7 7 8 9
11 | 0 3 3 6 7 7 8 8 8 9 9
12 | 1 3 5 5 6 6 7 8 9
13 | 0 1 2 5 5 6 7 9
14 | 1 2 8
```

带有长度的茎叶图如下：

9	1	5	8						
10	1	5	7	7	8	9			
11	0	3	3	6	7	7	8	8	8	9	9
12	1	3	5	5	6	6	7	8	9
13	0	1	2	5	5	6	7	9
14	1	2	8

第四章 统计指标

学习辅导

一、本章学习目的与要求

(1) 理解总量指标、相对指标、平均指标和变异指标的概念和作用。
(2) 掌握各种相对指标的计算方法,理解相对指标的可比性原则。
(3) 掌握各种平均指标的计算方法,注意区分各种平均指标应用的场合。
(4) 掌握各种标志变异指标的计算方法,并能结合实际资料进行计算分析。

二、本章内容提要

(一) 总量指标

(1) 总量指标的概念:总量指标又称统计绝对数,它是反映社会经济现象在一定时空下的总规模、总水平的综合指标。
(2) 按指标反映总体内容的不同,总量指标分为总体单位总量和总体标志总量。
(3) 按指标反映时间状况的不同,总量指标分为时期指标和时点指标。
(4) 总量指标的计量单位有实物指标、价值指标和劳动量指标。

(二) 相对指标

(1) 相对指标的概念:相对指标又称统计相对数,它是两个有联系的现象数值的比率,用以反映现象的发展程度、结构、强度、普遍程度或比例关系。其表现形式有无名数和有名数。
(2) 根据研究目的和任务、对比基础的不同,相对指标可以分为结构相对指标、比例相对指标、比较相对指标、强度相对指标、动态相对指标和计划完成相对指标。

$$结构相对指标 = \frac{各组或部分总量}{总体总量} \times 100\%$$

$$比例相对指标 = \frac{总体中某一部分数量}{总体中另一部分数量} \times 100\%$$

$$比较相对指标 = \frac{甲单位某指标值}{乙单位同类指标值} \times 100\%$$

$$强度相对指标 = \frac{某种现象总量指标}{另一有联系而性质不同现象总量指标} \times 100\%$$

$$动态相对指标 = \frac{报告期指标数值}{基期指标数值} \times 100\%$$

$$计划完成程度相对指标 = \frac{实际完成数}{计划任务数} \times 100\%$$

(三) 平均指标

1. 平均指标的概念

反映社会经济现象总体各单位某一数量标志在一定时间、地点条件下所达到的一般水平。平均指标具有同质性、抽象性、代表性的特点。

2. 平均指标的种类

根据计算过程的不同,平均指标可以分为数值平均数和位置平均数,其中数值平均数包括算术平均数、调和平均数、几何平均数;位置平均数包括众数、中位数。

3. 数值平均数的计算

1) 算术平均数的计算

对于未分组资料,用简单算术平均数公式计算,即

$$\bar{x} = \frac{\sum x}{n}$$

对于分组资料,用加权算术平均数公式计算,即

$$\bar{x} = \frac{\sum xf}{\sum f}$$

2) 调和平均数的计算

对于未分组资料,用简单调和平均数公式计算,即

$$H = \frac{n}{\sum \frac{1}{x}}$$

对于分组资料,用加权调和平均数公式计算,即

$$H = \frac{\sum m}{\sum \frac{m}{x}}$$

3) 几何平均数的计算

当计算几何平均数的各变量值的次数相等时,要采用简单几何平均数,即

$$G = \sqrt[n]{x_1 x_2 \cdots x_n} = \sqrt[n]{\prod_{i=1}^{n} x_i}$$

当计算几何平均数的各变量值的次数不等时,要采用加权几何平均数,即

$$G = \sqrt[\sum f_i]{\prod_{i=1}^{n} x_i^{f_i}}$$

4. 位置平均数的计算

1) 中位数(M_e)的计算

对于未分组资料,确定中位数的步骤是:第一步,将总体各单位的标志值按大小顺序排列。第二步,按$(n+1)/2$计算中位数所在的位置,该位置对应的标志值即为中位数。注意:若总体单位数 n 为奇数时,处于中间位置的标志值就是中位数;若 n 为偶数,则处于中间位置的两个标志值的算术平均数即为中位数。

对于单项式分组资料:首先计算累计次数 n,再按$(n+1)/2$确定中位数的位置,该位置对应的数值即为中位数。

对于组距式分组资料:首先计算累计次数$\sum f$,按$\sum f/2$确定中位数所在组,再利用公式按比例求得中位数的近似值,此公式有下限公式和上限公式两种。

下限公式(较小制):

$$M_e = L + \frac{\frac{\sum f}{2} - S_{m-1}}{f_m} \times d$$

上限公式(较大制):

$$M_e = U - \frac{\frac{\sum f}{2} - S_{m+1}}{f_m} \times d$$

2) 众数(M_o)的计算

对于单项式分组资料确定众数,只需观察找出次数最多的标志值即可。

对于组距式数列,首先根据次数最多的原则确定众数所在组,再利用公式求得众数的近似值。计算公式有下限公式和上限公式两种。

下限公式：
$$M_o = L + \frac{f_n - f_{n-1}}{(f_n - f_{n-1}) + (f_n - f_{n+1})} \times d$$

上限公式：
$$M_o = U - \frac{f_n - f_{n+1}}{(f_n - f_{n-1}) + (f_n - f_{n+1})} \times d$$

（四）标志变异指标

1. 标志变异指标的概念

标志变异指标又称标志变动度，是用来测定总体各单位标志值之间差异程度的统计指标，它综合反映了标志值的离中趋势。标志变异指标主要有全距、平均差、标准差、方差、标准差系数。

2. 标志变异指标的计算

1）全距
$$R = X_{\max} - X_{\min}$$

2）平均差

对于未分组资料，用简单平均公式，即
$$A \cdot D = \frac{\sum |x - \bar{x}|}{n}$$

对于已分组资料，用加权平均公式，即
$$A \cdot D = \frac{\sum |x - \bar{x}| f}{\sum f}$$

3）标准差

对于未分组资料，采用简单式，即
$$\sigma = \sqrt{\frac{\sum (x - \bar{x})^2}{n}} = \sqrt{\frac{\sum x^2}{n} - \left(\frac{\sum x}{n}\right)^2}$$

对于已分组资料，采用加权式，即
$$\sigma = \sqrt{\frac{\sum (x - \bar{x})^2 f}{\sum f}} = \sqrt{\frac{\sum x^2 f}{\sum f} - \left(\frac{\sum xf}{\sum f}\right)^2}$$

4）方差

对于未分组资料，采用简单式，即

$$\sigma^2 = \frac{\sum (x-\bar{x})^2}{n} = \frac{\sum x^2}{n} - \left(\frac{\sum x}{n}\right)^2$$

对于已分组资料,采用加权式,即

$$\sigma^2 = \frac{\sum (x-\bar{x})^2 f}{\sum f} = \frac{\sum x^2 f}{\sum f} - \left(\frac{\sum xf}{\sum f}\right)^2$$

5)标准差系数

$$V_\sigma = \frac{\sigma}{\bar{x}} \times 100\%$$

(五)偏度和峰度

1. 偏度的计算公式

$$\alpha = \frac{\nu_3}{\sigma^3}$$

2. 峰度的计算公式

$$\beta = \frac{\nu_4}{\sigma^4}$$

重点、难点释析

综合指标法是统计研究的基本方法之一。从广义上说,所有的统计指标都可以称为综合指标。但这里讲的综合指标是将所有的统计指标按其指标数值的表现形式不同归纳起来的三大类基本指标,它们是总量指标、相对指标和平均指标,以及在此基础上派生的标志变异指标。本章的特点是概念多、分类多、公式多,这给同学们的学习带来了一定的难度。现通过对典型问题的分析与例题的讲解来谈谈如何学好统计指标。

一、总体单位总量和总体标志总量的区别

总体单位总量是总体内所有单位的总数。总体标志总量是总体中各单位标志值的总和。

总体单位是标志的直接承担者,标志总量不会独立于单位总量而存在。在一个特定的总体内,只存在一个单位总量,而同时并存多个标志总量,构成一个总量指标体系。同一总量指标在不同情况下可有不同的性质。总体单位总量和总体

标志总量并不是固定不变的,二者随研究目的不同而变化。注意:总体单位总量和总体标志总量的划分,也是后面计算平均指标(算术平均数)的重要依据。

【例 4.1】 当研究企业平均规模和企业劳动效益时,下列说法正确的是( )。

A. 各企业工人总数既为总体标志总量,又为总体单位总量

B. 企业总数既为总体标志总量,又为总体单位总量

C. 各企业工人总数都为总体单位总量

D. 企业总数都为总体标志总量

分析 当研究企业平均规模时,以企业为总体单位,企业总数为总体单位总量,各企业工人总数为总体标志总量;当研究企业劳动效益时,以工人为总体单位,各企业工人总数为总体单位总量,这时企业的总产值成为标志总量。所以本题选 A。

二、结构相对指标和比例相对指标的主要区别

结构相对指标是以总体总量为比较标准,计算各组总量占总体总量的比重,来反映总体内部组成情况的综合指标,如各工种的工人占全部工人的比重。比例相对指标是总体不同部分数量对比的相对数,用以分析总体范围内各个局部之间的比例关系和协调平衡状况,如轻重工业比例。

三、比例相对指标与比较相对指标的主要区别

(1) 子项与母项的内容不同,比例相对指标是同一总体内,不同组成部分的指标数值的对比;比较相对指标是同一时间同类指标在空间上的对比。

(2) 说明问题不同,比例相对指标说明总体内部的比例关系;比较相对指标说明现象发展的不均衡程度。比较相对指标是不同单位的同类指标对比而确定的相对数,用以说明同类现象在同一时期内各单位发展的不平衡程度,如甲地职工平均收入是乙地职工平均收入的 1.3 倍。

四、比较相对指标和强度相对指标的主要区别

两者都属于对不同总体指标进行对比的类型,但比较相对指标是不同总体的同类指标在同一时间上不同单位之间的比较,而强度相对指标是两个性质不同而又有联系的总量指标的对比;比较相对指标的表现形式是无名数,而强度相对指标的表现形式既可以是无名数,也可以是有名数。

五、强度相对指标和平均指标的主要区别

指标的含义不同,强度相对指标说明的是某一现象在另一现象中发展的强度、密度或普遍程度,而平均指标说明的是现象发展的一般水平;计算方法不同,强度相对指标与平均指标,虽然都是两个有联系的总量指标之比,但是,强度相对指标分子与分母的联系只表现为一种经济关系,而平均指标是在一个同质总体内标志总量和单位总量的比例关系,分子与分母的联系是一种内在的联系,即分子是分母(总体单位)所具有的标志,对比结果是对总体各单位某一标志值的平均。

【例 4.2】 下列指标属于平均指标的有(　　),属于强度相对指标的有(　　)。
A. 人均 GDP　　　　　　　　　B. 人均教育经费
C. 单位产品成本　　　　　　　D. 人口密度
E. 人均粮食消费量

分析 A、B、D、E 是强度相对指标,C 是平均指标。

六、加权算术平均数中权数的选择

因为各组变量值出现次数(权数)的多少对平均数的形成产生权衡轻重的作用,所以权数的选择是很重要的。当分组的标志为相对数或平均数时,经常会遇到选择哪一个指标为权数的问题。一般根据以下两个原则来选择权数:一是变量与权数的乘积必须有实际经济意义;二是依据相对数或平均数本身的计算方法来选择权数。

【例 4.3】 某市各企业产值计划完成程度、企业数和计划产值的资料如下:

产值计划完成程度(%)	企业数(个)	计划产值(万元)
90～100	5	100
100～110	8	800
110～120	2	100
合　计	—	1000

试计算该市各企业的平均产值计划完成程度。

分析 此例被平均的标志值 x(各组产值计划完成程度)是相对数。若以企业数(次数)为权数,不符合权数选择原则。本例正确的权数(f)应为各组计划产值,它符合权数选择的原则。即

$$各组产值计划完成程度(x) = \frac{各组实际产值(xf)}{各组计划产值(f)}$$

所以,平均产值计划完成程度为

$$\bar{x} = \frac{\sum xf}{\sum f} = \frac{0.95 \times 100 + 1.05 \times 800 + 1.15 \times 100}{100 + 800 + 100} = \frac{1050}{1000} = 105\%$$

七、调和平均数的计算及应用条件

调和平均数是各个标志值倒数的算术平均数的倒数,又称倒数平均数。在实际工作中,有时由于缺乏总体的单位数资料,不能直接运用算术平均数进行计算,这时,可采用调和平均数计算。因此,调和平均数常常被作为算术平均数的变形来使用,即

$$H = \frac{\sum m}{\sum \frac{m}{x}} = \frac{\sum xf}{\sum \frac{1}{x}xf} = \frac{\sum xf}{\sum f}$$

同时,调和平均数易受极端标志值和开口组的影响;当数列中某项标志值为零时,是无法计算调和平均数的。

八、算术平均数与众数、中位数的关系

(一) 对称钟形分布

对称钟形分布中标志值对称分别居于中心变量值的两边。

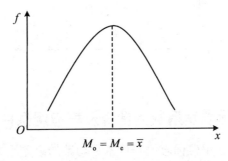

（二）钟形偏态分布

1. 右偏分布

即多数标志值居数轴左边，次数分布的高峰偏左，而长尾则从左侧逐渐延伸于右端，又称为正偏分布。

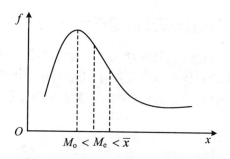

2. 左偏分布

即多数标志值居数轴右边，次数分布的高峰偏右，左侧有一个长尾，又称为负偏分布。

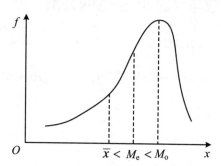

九、标准差、标准差系数的计算及其应用条件

标准差是总体中各单位标志值与算术平均数的离差平方的算术平均数的平方根，又称均方差，标准差的计算有简单式和加权式两种，即

简单式：

$$\sigma = \sqrt{\frac{\sum(x-\bar{x})^2}{n}} = \sqrt{\frac{\sum x^2}{n} - \left(\frac{\sum x}{n}\right)^2}$$

加权式：

$$\sigma = \sqrt{\frac{\sum(x-\bar{x})^2 f}{\sum f}} = \sqrt{\frac{\sum x^2 f}{\sum f} - \left(\frac{\sum xf}{\sum f}\right)^2}$$

标准差系数是以相对数形式表示的标志变异指标，其计算公式如下：

$$V_\sigma = \frac{\sigma}{\bar{x}} \times 100\%$$

因为标准差不仅受总体各单位标志值的影响，还受平均数水平高低的制约，所以不能仅用标准差来衡量不同水平数列之间标志值的差异程度，而须进一步计算标准差系数，通过标准差系数的大小来进行比较。

【例 4.4】 甲、乙两个农场的有关资料如下：

指　　标	甲农场	乙农场
面积(亩)①	8000	10000
平均产量(斤/亩)	600	800
标准差(斤/亩)	15	18

试问甲、乙两个农场，哪一个农场的粮食平均亩产量更有代表性？

解　$V_{\sigma甲} = \frac{\sigma}{\bar{x}} = \frac{15}{600} = 0.025$，　$V_{\sigma乙} = \frac{\sigma}{\bar{x}} = \frac{18}{800} = 0.0225$

因为 $V_{\sigma甲} > V_{\sigma乙}$，所以乙农场的粮食平均亩产量更有代表性。

十、考察分布的偏度和峰度的意义

平均指标和标志变异指标分别反映分布的集中趋势和离中趋势，而考察偏度和峰度可以进一步体现分布的形态特征。若定义 $\alpha = \frac{v_3}{\sigma^3}$，当 $\alpha = 0$ 时，说明分布是对称的；当 $\alpha > 0$ 时，说明分布是正偏的；当 $\alpha < 0$ 时，说明分布是负偏的。若定义

---

① 面积的法定计量单位是平方米、平方千米、公顷等，亩为非法定计量单位，由于习惯，目前仍有使用。1 亩 = $\frac{1}{15}$ 公顷。同样，斤也是非法定计量单位，1 斤 = 0.5 千克。本书类似之处不再说明。

$\beta=\frac{v_4}{\sigma^4}$，当 $\beta=3$ 时，说明分布是正态峰度；当 $\beta>3$ 时，说明分布是尖顶峰度；当 $\beta<3$ 时，说明分布是平顶峰度。

习　　题

一、单项选择题

1. 如果所有标志值的频数都减少为原来的 $\frac{1}{10}$，而标志值仍然不变，那么算术平均数(　　)。

　　A. 不变　　　　　　　　　　　B. 扩大 10 倍

　　C. 减少为原来的 $\frac{1}{10}$　　　　D. 不能预测其变化

2. 调查 2019 级统计系 82 名同学的学习成绩，获得部分信息，其中属于总体单位总量指标的是(　　)。

　　A. 班级学生人数为 82 人

　　B. 全班"回归分析"平均成绩为 75.6 分

　　C. 全班"高等数学"成绩总和为 4340 分

　　D. 全班同学的学习成绩

3. 某企业三个平行车间生产同种商品的合格率分别是 98%、95% 和 99%，则三个车间的平均合格率为(　　)。

　　A. $\frac{98\%+95\%+99\%}{3}$　　　　B. $\sqrt[3]{98\%\times 95\%\times 99\%}$

　　C. $\frac{3}{\frac{1}{98\%}+\frac{1}{95\%}+\frac{1}{99\%}}$　　　　D. 无法计算

4. 某企业流水线上三个连续车间生产同种商品的合格率分别是 98%、95% 和 99%，则三个车间的平均合格率为(　　)。

　　A. $\frac{98\%+95\%+99\%}{3}$　　　　B. $\sqrt[3]{98\%\times 95\%\times 99\%}$

　　C. $\frac{3}{\frac{1}{98\%}+\frac{1}{95\%}+\frac{1}{99\%}}$　　　　D. 无法计算

5. 某企业 2019 年计划规定某种产品单位成本降低 8%，实际降低 5%，则该企业本年产品单位成本计划完成程度为（   ）。

  A. 103.26%　　　　　　　　B. 3.26%

  C. 62.5%　　　　　　　　　D. 22%

6. 如果一组数据出现"众数＜中位数＜算术平均数"的特点，说明这一总体的分布特征为（   ）。

  A. 左偏　　　　　　　　　　B. 右偏

  C. 对称　　　　　　　　　　D. 无法确定

7. 人口数与出生人数相比，（   ）。

  A. 前者是时期指标，后者是时点指标

  B. 前者是时点指标，后者是时期指标

  C. 两者都是时点指标

  D. 两者都是时期指标

8. 某企业 A、B 两个分公司，2019 年 A 公司的平均工资为 3800 元，B 公司的平均工资为 4000 元。2020 年 A 公司增加了 10% 的职员，B 公司增加了 8% 的职员。如果 A、B 公司的平均工资都维持上年的水平，则该企业的平均工资会（   ）。

  A. 提高　　　　　　　　　　B. 下降

  C. 持平　　　　　　　　　　D. 不一定

9. 下列情况中，频数对平均数不产生影响的是（   ）。

  A. 变量值较小，而频数较多时　　B. 变量值较大，而频数较少时

  C. 变量值较小，而频数较少时　　D. 变量值出现的频数相同时

10. 动态相对指标是指（   ）。

  A. 同一现象在不同时间、空间上的对比

  B. 同一现象在相同时间、空间上的对比

  C. 不同现象在不同时间、相同空间上的对比

  D. 同一现象在不同时间、相同空间上的对比

11. 几何平均数主要适用于计算（   ）。

  A. 具有等差关系的数列

  B. 变量值的连乘积等于总比率或总速度的数列

  C. 变量值为偶数项的数列

  D. 变量值的连乘积等于变量值之和的数列

12. 某储蓄所 9 月末的储蓄存款余额是 8 月末的 105%，这个指标是（   ）。

  A. 动态相对指标　　　　　　B. 比较相对指标

  C. 比例相对指标　　　　　　D. 计划完成程度相对指标

13. 2019年某市机械工业公司所属三个企业计划规定的产值分别为4000万元、6000万元、5000万元。执行结果:计划完成程度分别为108%、106%、108%,则该公司三个企业平均计划完成程度为( )。

　　A. $\sqrt[3]{108\% \times 106\% \times 108\%} = 107.33\%$

　　B. $\dfrac{106\% \times 1 + 108\% \times 2}{1+2} = 107.33\%$

　　C. $\dfrac{4000+6000+5000}{\dfrac{4000}{108\%}+\dfrac{6000}{106\%}+\dfrac{5000}{108\%}} = 107.19\%$

　　D. $\dfrac{108\% \times 4000 + 106\% \times 6000 + 108\% \times 5000}{4000+6000+5000} = 107.2\%$

14. 若某一变量数列中,有变量值为零,则不适宜计算的平均指标有( )。
　　A. 算术平均数　　　　　B. 调和平均数
　　C. 中位数　　　　　　　D. 众数

15. 一组数据为3,3,1,5,13,12,11,9,7。这组数据的中位数为( )。
　　A. 3　　　　　　　　　B. 13
　　C. 7.1　　　　　　　　D. 7

16. 某贸易公司20个商店的销售额资料如下,则平均差为( )万元。

销售额(万元)	20以下	20～30	30～40	40～50	50以上
个数(个)	1	5	9	3	2

　　A. 7　　　　B. 1　　　　C. 12　　　　D. 3

17. 下列相对数中,可以用有名数表示的有( )。
　　A. 计划完成相对数　　　B. 结构相对数
　　C. 强度相对数　　　　　D. 动态相对数

18. 是非标志的标准差是( )。
　　A. $\sqrt{p(1-p)}$　　　　　B. $p(1-p)$
　　C. $\sqrt{1-p}$　　　　　　D. $1-p$

19. 某月工厂的工人出勤率属于( )。
　　A. 结构相对数　　　　　B. 强度相对数
　　C. 比例相对数　　　　　D. 计划完成相对数

20. 一组数据的偏态系数为1.3,表明数据分布是( )。
　　A. 正态分布　　　　　　B. 平顶分布

C. 左偏分布 D. 右偏分布

21. 在下列两两组合的平均指标中,两个平均数完全不受极端数值影响的是( )。
    A. 算术平均数和中位数   B. 几何平均数和众数
    C. 算术平均数和众数   D. 众数和中位数

22. 总量指标按反映总体的时间状态不同,可分为( )。
    A. 时期指标和时点指标
    B. 总体标志总量和总体单位总量
    C. 数量指标和质量指标
    D. 实物量指标、价值量指标和劳动量指标

23. 标志值较小的一组其权数较大时,则算术平均数( )。
    A. 接近标志值较大的一组   B. 接近标志值较小的一组
    C. 不受权数影响   D. 仅受标志值影响

24. 若甲单位的平均数比乙单位的平均数小,但甲单位的标准差比乙单位的标准差大,则( )。
    A. 甲单位的平均数代表性比较大
    B. 甲单位的平均数代表性比较小
    C. 两单位的平均数一样大
    D. 无法判断

25. 某企业5月份计划销售收入比上月增长8%,实际增长12%,其超计划完成程度为( )。
    A. 103.70%   B. 50%
    C. 150%   D. 3.7%

26. 某企业7月份计划要求成本降低3%,实际降低5%,则计划完成程度为( )。
    A. 97.94%   B. 166.67%
    C. 101.94%   D. 94%

27. 平均数反映了总体分布的( )。
    A. 集中趋势   B. 分布形态
    C. 离散趋势   D. 总趋势

28. 若两组数列的计量单位不同,在比较两数列的离散程度大小时,应采用( )。
    A. 全距   B. 平均差
    C. 标准差   D. 标准差系数

29. 某高新技术开发区有人口11万,有8家医院(其病床数合计为700张),

则该开发区每万人的病床数为 63.6,这个指标属于( )。

  A. 平均指标   B. 相对指标

  C. 总量指标   D. 发展水平指标

30. 算术平均数的基本形式是( )。

  A. 同一总体不同部分对比

  B. 总体的部分数值与总体数值对比

  C. 总体单位数量标志值之和与总体单位总数对比

  D. 不同总体两个有联系的指标数值对比

31. 权数对算术平均数的影响作用,实质上取决于( )。

  A. 作为权数的各组单位数占总体单位数比重的大小

  B. 各组标志值占总体标志总量比重的大小

  C. 标志值本身的大小

  D. 标志值数量的多少

32. 某企业的总产值计划比去年提高 11%,执行结果提高 13%,则总产值计划完成提高程度为( )。

  A. $13\% - 11\%$ B. $\dfrac{113\%}{111\%}$

  C. $\dfrac{113\%}{111\%} - 100\%$ D. $\dfrac{111\%}{113\%} - 100\%$

33. 我国人口中,男女人口的性别比为 106∶100,这是( )。

  A. 比例相对指标   B. 比较相对指标

  C. 强度相对指标   D. 平均指标

34. 比较两个不同水平数列总体标志的变异程度,必须使用( )。

  A. 标准差   B. 离散系数

  C. 平均差   D. 全距

35. 用标准差比较分析两个同类总体平均指标的代表性的前提条件是( )。

  A. 两个总体的标准差应相等   B. 两个总体的平均数应相等

  C. 两个总体的单位数应相等   D. 两个总体的离差之和应相等

二、多项选择题

1. 影响加权算术平均数的因素有( )。

  A. 各组频率或频数   B. 各组标志值的大小

  C. 各组组距的大小   D. 各组组数的多少

E. 各组组限的大小
2. 位置平均数包括( )。
   A. 算术平均数   B. 调和平均数
   C. 几何平均数   D. 众数
   E. 中位数
3. 下列统计指标中,属于总量指标的是( )。
   A. 工资总额   B. 商业网点密度
   C. 商品库存量   D. 人均国民生产总值
   E. 进出口总额
4. 下列相对指标中,属于同类现象对比的是( )。
   A. 比例相对指标   B. 计划完成程度相对指标
   C. 比较相对指标   D. 结构相对指标
   E. 强度相对指标
5. 下列指标中,属于时期指标的是( )。
   A. 年末职工人数   B. 资金利润率
   C. 产品产量   D. 人均国内生产总值
   E. 销售收入
6. 下列指标中,属于时点指标的是( )。
   A. 年末职工人数   B. 年内新增职工人数
   C. 货币供应量   D. 固定资产投资额
   E. 固定资产余额
7. 下列指标中,属于结构相对指标的是( )。
   A. 国有制企业职工占总数的比重
   B. 某工业产品产量比上年增长的百分比
   C. 大学生占全部学生的比重
   D. 中间投入占总产出的比重
   E. 某年人均消费额
8. 下列各种陈述中( )是正确的。
   A. 权数越大,对应组的标志值在计算平均数中起的作用越大
   B. 当各标志值出现的次数相同时,加权算术平均数等于简单算术平均数
   C. 标志变异指标的数值越大,平均数的代表性就越好
   D. 当总体内的次数呈对称钟形分布时,算术平均数、众数和中位数三者相等

E. 如果两个数列的全距相同,那么它们的离散程度也就相同

9. 下列指标中,属于强度相对指标的是( )。
    A. 资产负债率
    B. 人口自然增长率
    C. 平均每人占有粮食产量产品合格率
    D. 资金利润率
    E. 人均国内生产总值

10. 调和平均数的计算公式有( )。

    A. $H = \dfrac{n}{\sum \dfrac{1}{x}}$　　　　B. $\bar{x} = \dfrac{\sum xf}{\sum f}$

    C. $\bar{x} = \dfrac{\sum x}{n}$　　　　D. $H = \dfrac{\sum m}{\sum \dfrac{m}{x}}$

    E. $G = \sqrt[\sum f_i]{\prod\limits_{i=1}^{n} x_i^{f_i}}$

11. 在各种平均指标中,不受极端数值影响的平均指标是( )。
    A. 算术平均数　　　　B. 调和平均数
    C. 几何平均数　　　　D. 中位数
    E. 众数

12. 在下列( )条件下,加权算术平均数等于简单算术平均数。
    A. 各组次数相等　　　　B. 各组变量值不等
    C. 变量数列为组距数列　　D. 各组次数都为 1
    E. 各组次数占总次数的比重相等

13. 计算加权算术平均数,在选择权数时应具备的条件有( )。
    A. 权数与标志值相乘能够构成标志总量
    B. 权数必须表现为标志值的直接承担者
    C. 权数必须是总体单位数
    D. 权数与标志值相乘具有经济意义
    E. 权数必须是单位数比重

14. 标准差( )。
    A. 反映总体单位标志值的一般水平
    B. 反映总体单位的一般水平

C. 反映总体单位标志值的离散程度

D. 反映总体分布的集中趋势

E. 反映总体分布的离中趋势

15. 下列情况应该采取调和平均数的是（　　）。

　　A. 已知各企业的计划任务数和计划完成程度，计算平均计划完成程度

　　B. 已知各企业的实际完成数和计划完成程度，计算平均计划完成程度

　　C. 已知各商品的销售单价和销售额，计算商品的平均销售单价

　　D. 已知各商品的销售单价和销售数量，计算商品的平均销售单价

　　E. 已知分组的粮食单位产量和各组粮食总量，计算总的平均粮食单位产量

三、简答题

1. 试述总量指标的概念和种类。
2. 试述时期指标和时点指标的特点。
3. 相对指标有几种？其作用如何？
4. 强度相对数与比较相对数、比例相对数有什么区别？强度相对数又与平均数有什么不同？
5. 在分析长期计划执行情况时，水平法和累计法有什么区别？
6. 算术平均数与调和平均数的关系如何？什么情况下要计算调和平均数？
7. 简述算术平均数、调和平均数、几何平均数、众数及中位数之间的关系。
8. 全距、平均差、标准差及标准差系数各有什么特点？
9. 为什么相对指标要与总量指标结合起来应用？
10. 什么是变异系数？变异系数在什么条件下应用？
11. 加权算术平均数受哪两个因素的影响？权数怎样影响算术平均数的大小？
12. 为什么要计算离散系数？如何运用离散系数判断平均数的代表性？
13. 什么叫偏度和峰度？
14. 数值平均数和位置平均数的不同点是什么？

四、计算题

1. 某市 2019 年人口 1000 万，商业网点有 4000 个，医生人数 20000 人。根据资料计算：

　　(1) 商业网点密度的正指标和逆指标。

　　(2) 医生密度的正指标和逆指标。

2. 某三个企业近两年来增加值完成情况统计资料如下：

企 业	上年完成增加值（万元）	本 年				计划完成（％）	本年为上年的百分率（％）
		计 划		实 际			
		增加值（万元）	比重（％）	增加值（万元）	比重（％）		
甲	1300	1500		1450			
乙	800	1000				100	
丙	1450			1550		95	
合 计							

请计算并将上表填写完整。

3. 某公司所属三个商场的有关资料如下：

商 场	2019年销售额（万元）			计划完成（％）	2019年流通费用（万元）	
	计划金额	实 际			流通费用	流通费用率（％）
		金额	比重（％）			
甲	500	550				9
乙	750			120	99.0	
丙	1250	1100				10
合 计						

请将上表填写完整，并指出上述各指标的类型。（流通费用率＝流通费用/销售额）

4. 某厂 400 名工人的工资情况如下：

按月工资分组（元）	工人数（人）
6000 以下	60
6000～8000	100
8000～10000	140
10000～12000	60
12000 以上	40
合 计	400

试根据上述资料计算该厂工人的平均工资和标准差。

5. 某乡甲、乙两个村的粮食生产情况如下：

按耕地自然条件分组	甲村		乙村	
	平均亩产 x（千克/亩）	粮食产量 m（千克）	平均亩产 x（千克/亩）	播种面积 f（亩）
山地	100	25000	150	1250
丘陵地	150	150000	200	500
平原地	400	500000	450	750

试分别计算甲、乙两个村的平均亩产。根据上述资料及计算结果比较分析哪一个村的生产经营管理工作做得好，并简述得出这一结论的理由。

6. 某产品五年计划规定，最后一年的产量应达到 45 万吨，计划执行情况如下：

时间	第一年	第二年	第三年		第四年				第五年			
			上半年	下半年	一季度	二季度	三季度	四季度	一季度	二季度	三季度	四季度
产量（万吨）	30	30	17	19	10	10	11	12	12	13	15	16

试根据上述资料计算计划完成程度及提前完成计划的时间。

7. 已知某商贸公司下属 20 个企业的分组资料如下：

按销售额计划完成程度(%)分组	企业数(个)	实际销售额(万元)	销售利润率(%)
100 以下	3	590	12
100～110	12	4300	18
110～120	5	1728	22
合 计	20	6618	

请计算公司销售额平均计划完成程度及公司的平均销售利润率。

8. 某车间 120 人日生产产品 498 件,具体情况如下:

日产量 x(件)	1	2	3	4	5	6	7	8
人数 f(人)	5	12	20	38	25	10	8	2

(1) 总量指标是( )。

　A. 某车间日生产产品总数

　B. 日生产产品数为 4 件的工人数

　C. 日生产产品数为 3 件的工人数占总工人数的 25%

　D. 每个工人的平均日产量

(2) 日产量的中位数是( )。

　A. 4　　　B. 4.5　　　C. 5　　　D. 8

(3) 日产量的众数是( )。

　A. 4　　　B. 4.5　　　C. 5　　　D. 8

(4) 该车间工人日产量的全距是( )。

　A. 4.5　　　B. 4.5　　　C. 8　　　D. 7

(5) 该车间工人日产量的平均差是( )。

　A. 4　　　B. $\frac{478}{120}$　　　C. 2

　D. $\frac{|1-4.15|\times 5+|2-4.15|\times 12+\cdots+|8-4.15|\times 2}{120}=\frac{140.5}{120}=1.17$

(6) 该车间工人日产量的方差与标准差是( )。

　A. 4,2　　　B. 4.5,2.1　　　C. 2,1.14

　D. $\sigma=\sqrt{\frac{\sum(x-\bar{x})^2 f}{\sum f}}$, $\sigma^2=\frac{\sum(x-\bar{x})^2 f}{\sum f}$

(7) 该车间工人日产量的平均差系数是( )。

　A. $\frac{1.17}{4.15}$　　　B. $\frac{2}{4.15}$　　　C. $\frac{4}{4.15}$　　　D. $\frac{4.5}{4.5}$

9. 某公司所属 6 个企业,按生产某产品平均单位成本高低分组,其各组产量占该公司总产量的比重资料如下:

第四章 统计指标

按平均单元成本分组(元/件)	企业数(个)	各组产量占总产量比重(%)
10~12	1	22
12~14	2	40
14~18	3	38
合　计	6	100

试计算该公司所属企业的平均单位成本。

10. 某企业工人各级别的工资额及相对应的工资总额资料如下:

工资额(元)	工资总额(元)
4600	23000
5200	78000
6000	108000
7000	70000
8500	17000
合　计	296000

试计算工人的平均工资。

11. 某地区抽样调查职工家庭收入资料如下,试计算职工家庭平均每人月收入(算术平均数),并用下限公式计算中位数和众数。

按平均月收入分组(元)	职工户数(户)
1000~2000	6
2000~3000	10
3000~4000	20
4000~5000	30
5000~6000	40
6000~7000	240
7000~8000	60
8000~9000	20
合　计	426

12. 某种蔬菜早、午、晚的价格及购买金额资料如下:

时　间	价格(元/千克)	购买金额(元)
早	5	100
午	4	120
晚	2	140
合　计	—	360

试计算该种蔬菜的平均购买价格。

13. 甲、乙两单位职工人数及日产量资料如下：

甲单位		乙单位	
日产量 x(件)	职工人数 f(人)	日产量 x(件)	职工人数 f(人)
145	4	140	5
155	8	160	10
170	15	175	24
185	20	187	15
195	7	197	2
215	3	220	1
合　计	57	合　计	57

试比较哪一个单位的平均日产量更具有代表性。

14. 某工厂生产一批零件共 10 万件，为了解这批产品的质量，采取不重复抽样的方法抽取 1000 件进行检查，其结果如下，根据质量标准，使用寿命 800 小时及以上者为合格品。试计算平均合格率、标准差及标准差系数。

使用寿命(小时)	零件数(件)
700 以下	10
700～800	60
800～900	230
900～1000	450
1000～1200	190
1200 以上	60
合　计	1000

第四章 统计指标

15. 有两个班学生的统计学考试成绩如下,请分别计算两个班的平均成绩,并说明哪个班的平均成绩更具有代表性。

成 绩(分)	学生数(人)	
	一班	二班
50以下	1	2
50～60	3	3
60～70	6	6
70～80	12	9
80～90	8	12
90以上	23	0
合 计	53	32

16. A、B两个组的学生考分资料如下:

学生序号	学生考分(分)	
	A组	B组
甲	65	68
乙	70	70
丙	75	76
丁	80	80
戊	85	81
合 计	375	375

试问A、B两组哪一组学生的平均考分更有代表性(用平均差和标准差计算)?

17. 有A、B两种爆炸药的定时器,其说明资料如下:

产品	A	B
平均引爆时间(秒)	0.5	6
标准差	3	30

作为消费者,你会选择哪种产品,为什么?

18. 某厂对三个车间一季度生产情况分析如下:第一车间实际产量190件,完成计划95%;第二车间实际产量250件,完成计划100%;第三车间实际产量

609件,完成计划105%。试计算三个车间产量平均计划完成程度。一车间产品的单位成本为18元/件,二车间产品的单位成本为12元/件,三车间产品的单位成本为15元/件,则该厂平均单位成本是多少?

19. 某厂生产机床设备,要经过三道生产工序,先生产一批产品在各道生产工序上的合格率分别为95.74%、93.48%、97.23%,试计算三道工序的平均合格率。

20. 某高校某系学生体重资料如下:

体重(千克)	人数(人)
52以下	28
52～55	39
55～58	68
58～61	53
61以上	24
合　计	212

试计算学生体重的算术平均数、中位数、众数,分析数据分布的偏态。

习题参考答案

一、单项选择题

1. A　2. A　3. D　4. B　5. A　6. B　7. B　8. B　9. D　10. D　11. B　12. A　13. D　14. B　15. D　16. A　17. C　18. A　19. A　20. D　21. D　22. A　23. B　24. B　25. D　26. A　27. A　28. D　29. B　30. C　31. A　32. C　33. A　34. B　35. B

二、多项选择题

1. AB　2. DE　3. ACE　4. ABCD　5. CE　6. ACE　7. ACD　8. ABD　9. ACDE　10. AD　11. DE　12. ADE　13. AD　14. CE　15. BCE

三、简答题

1. 总量指标是反映社会经济现象发展的总规模、总水平的综合性指标。

总量指标按其反映的总体内容不同,分为总体单位总量和总体标志总量。总体单位总量是总体单位数的合计数,是用来反映总体规模大小的总量指标;总体标志总量是指反映总体中各单位标志值总和的总量指标。

总量指标按其反映的时间状况不同,分为时期指标和时点指标。时期指标是指反映社会经济现象在某一时段内发展变化结果的总量指标;时点指标是指反映社会经济现象在某一时刻所处水平的总量指标。

2. 时期指标的特点有:① 不同的时期指标数值具有可加性;② 时期指标数值大小与时期长短有直接关系;③ 时期指标数值是连续登记、累计的结果。

时点指标的特点有:① 不同时点的指标数值不具有可加性;② 时点指标的数值大小与其时间间隔长短无关;③ 时点指标数值是非连续调查、非连续登记的结果。

3. 相对指标又称统计相对数。它是两个有联系的现象数值的比率,常用的相对指标有结构相对指标、比较相对指标、比例相对指标、强度相对指标、动态相对指标和计划完成程度相对指标等六种,用以反映现象的发展程度、结构、强度、普遍程度或比例关系。

4. 强度相对数是两个性质不同而有联系的指标对比,说明一个现象在另一个现象中发展的强度、密度或普遍程度。比较相对数是同类指标在不同单位(国家、部门、地区、农村、个人等等)之间的对比,反映它们之间的差距和发展的不平衡程度。比例相对数是总体中各组之间的数量对比,它反映现象总体各组之间的关系,分析现象之间是否协调一致,平衡比例是否相互适应等。

强度相对数可以用双重单位的有名数表示,也可以用百分数的无名数形式表示。比较相对数则为无名数,只能用倍数、百分数等表示。而比例相对数的表现形式除了倍数、百分数外,还表现为基数抽象化为1、10、100、1000时,被比较的数值是多少。

强度相对数和平均数在计算式上比较相似,都是两个总量指标的比值。但是,平均数是同一总体各单位标志值的平均,因而表现为总体内标志总量与单位总量的对比,如劳动生产率为产品产量与工人人数之比,单位产品成本为产品总成本与产品产量之比,平均工资为工资总额与工人数之比等。而强度相对数用作对比的两个总量指标,来自不同的总体。如人口密度为人口总数与土地面积之比,"平均每人钢铁产量"则是钢铁产量与人口数之比,等等。可见,它们之间的区别还是很明显的。

5. 累计法是按各年完成任务的总和下达计划任务,即

$$\text{计划完成程度} = \frac{\text{计划全期累计实际完成数}}{\text{计划全期累计计划数}}$$

水平法是按计划期末应达到的水平下达计划任务,即

$$计划完成程度 = \frac{计划末期实际达到的水平}{计划规定末期应达到的水平}$$

当计划指标是按计划期内各年的总和规定任务时,即计划全期累计完成的水平,就要求按累计法计算;当计划指标是以计划期末(最末年)应达到的水平下达时,则用水平法来检查。

6. 它们都是反映社会经济现象总体各单位某一数量标志在一定时间、地点条件下所达到的一般水平,其计算公式都等于 $\frac{总体标志总量}{总体单位总量}$。在实际工作中,需根据掌握资料的情况来选择是用算术平均数还是调和平均数。其原则是:缺分子,用算术;缺分母,用调和。具体就是:由相对数或平均数计算平均数时,如果缺乏基本公式中的分子资料,掌握的权数资料是基本公式的分母,且权数资料与变量值 x 相乘后的经济含义与基本公式的分子相吻合,则应采用加权算术平均数的方法计算;如果缺乏基本公式中的分母资料,掌握的权数资料是基本公式的分子,且权数资料与变量值 x 相除后的经济含义与基本公式的分母相吻合,则应采用加权调和平均数的方法计算。

7. 联系:算术平均数、调和平均数、几何平均数、众数、中位数都是平均指标,是用来反映社会经济现象总体各单位某一数量标志在一定时间、地点条件下所达到的一般水平的统计指标。它都能把总体各单位标志值的差异抽象化,能代表总体各单位标志值的一般水平。

区别:前三种平均数是根据总体所有标志值计算的,称为数值平均数;后两种平均数是根据标志值所处的位置来确定的,称为位置平均数。

8. 全距是测定标志变异程度的最简单的指标,它是标志的最大值和最小值之差,反映总体标志值的变动范围。全距仅取决于两个极端数值,不能全面反映总体各单位标志值变异的程度,也不能拿来评价平均指标的代表性。

平均差是各单位标志值对其算术平均数的离差绝对值的算术平均数,反映的是各标志值对其平均数的平均差异程度。它能全面准确地反映一组数据的离散状况,但由于是以离差的绝对值来表示总离差,这给计算带来了不便,同时平均差在数学性质上也不是最优的,因而在实际中应用较少。

标准差是总体中各单位标志值与算术平均数的离差平方的算术平均数的平方根,又称为均方差。它能全面准确地反映一组数据的离散状况,还有无偏性、有效性等数学特性,因此它是测定标志变动程度的最主要的指标。

标准差系数是以相对数形式表示的变异指标。它是由标准差与平均数对比

得到的。当所对比的两个数列的水平高低不同时,就不能采用全距、平均差或标准差进行对比分析,因为它们都是绝对指标,其数值的大小不仅受各单位标志值差异程度的影响,而且受到总体单位标志值本身水平高低的影响;为了对比分析不同水平的变量数列之间标志值的变异程度,就必须消除数列水平高低的影响,这时就要计算标准差系数。

9. 总量指标能够反映现象发展的总规模和总水平,但却不易看清现象发展的程度和差别;相对指标反映了现象之间的数量对比关系和差异程度,但却将现象的具体规模和水平抽象化,从而掩盖了现象间总量上的差别。只用总量指标不易说明现象差别的程度,只用相对指标又无法反映出这种差别的实际意义。因此,必须将相对指标与总量指标结合起来使用,才能达到对客观事物全面正确的认识。

10. 变异系数是以相对数形式表示的变异指标。它是通过变异指标中的全距、平均差或标准差与平均指标对比得到的。常用的是标准差系数。由于全距、平均差和标准差都是绝对指标,其数值大小不仅受到各单位标志值差异程度的影响,而且受到总体单位标志值本身水平高低的影响。所以在对比不同水平的变量数列之间标志值的变异程度时,为了消除数列水平高低的影响,就必须计算变异系数。

11. 加权算术平均数受指标值和权重两个因素的影响,如果某一组的权重大,该组数据对平均数的影响就较大。

12. 离散系数是反映一组数据相对变动程度或离散程度的指标,是平均差或标准差与其算术平均数的比值。对于平均水平不同的同类数据,对于计量单位不同的不同类别的数据,平均差和标准差都难于比较它们的离散程度。为了消除变量值平均水平高低和计量单位不同对离散程度的影响,需要计算离散系数。

13. 偏度是指一组数据分布的不对称程度,从不对称的方向看,包括左偏和右偏。峰度是用来衡量数据分布集中程度或分布曲线尖峭程度的指标。从形态上看,数据分布的峰有三种:正态的峰、平坦的峰和尖峭的峰。当数据分布明显集中于众数的位置时,使分布曲线更为隆起,为尖峭的峰;当数据分布相对于众数来说比较分散时,使分布曲线更为平滑和低缓,为平坦的峰;当数据分布与正态分布曲线完全相同时,为正态的峰。

14. ① 数值平均数是根据一组数据的全部数值综合计算而得出的,概括反映了所有变量值的平均水平,位置平均数则是以一组数据中全部数值的某些特殊位置上的个别数值为总体的代表性数值;② 数值平均数受一组数据中某些极端值的影响明显,位置平均数则几乎不受极端变量值的影响;③ 数值平均数适合于数值型变量,对变量值的量化尺度要求高;位置平均数不仅适合于量化程度高的数值型变量,也适合于量化程度较低的定性变量,其中众数适合于各种类型的变量,包括顺序型变量和分类型变量,中位数更适合于顺序型变量。这表明位置平均数的用途更为广泛。

四、计算题

1. (1) 商业网点密度正指标 $=\dfrac{4000}{1000}=4$(个/万人)

   商业网点密度逆指标 $=\dfrac{1000}{4000}=0.25$(万人/个)

   (2) 医生密度正指标 $=\dfrac{20000}{1000}=20$(人/万人)

   医生密度逆指标 $=\dfrac{1000}{20000}=0.05$(人/万人)

2. 计算结果如下:

企业	上年完成增加值（万元）	本年				计划完成（％）	本年为上年的百分率（％）
		计 划		实 际			
		增加值（万元）	比重(％)	增加值（万元）	比重(％)		
甲			36.31		36.25	96.67	111.54
乙			24.20	1000.00	25.00		125.00
丙		1631.58	39.49		38.75		106.90
合 计	3550.00	4131.58	100.00	4000.00	100.00	96.82	112.68

3. 计算结果如下:

商 场	2019 年销售额(万元)			计划完成（％）	2019 年流通费用(万元)	
	计划金额	实 际			流通费用	流通费用率（％）
		金额	比重(％)			
	(6)	(1)	(2)	(3)	(4)	(5)
甲			21.57	110	49.5	
乙		900	35.29			11.00
丙			43.14	88	110	
合 计	2500	2550	100.00	102	258.5	10.14

其中第(1)列、(2)列、(5)列为总量指标;第(3)列为结构相对指标;第(4)列为计划完成程度相对指标;第(6)列为强度相对指标。

4. 计算过程所需数据如下:

按月工资分组（元）	组中值 x（元）	工人数 f（人）	xf	x^2	$x^2 f$
6000 以下	5000	60	300000	25000000	1500000000
6000～8000	7000	100	700000	49000000	4900000000
8000～10000	9000	140	1260000	81000000	11340000000
10000～12000	11000	60	660000	121000000	7260000000
12000 以上	13000	40	520000	169000000	6760000000
合　　计	—	400	3440000	445000000	31760000000

所以工人的平均工资为

$$\bar{x} = \frac{\sum xf}{\sum f} = \frac{3440000}{400} = 8600(元)$$

工人的工资标准差为

$$\sigma = \sqrt{\frac{\sum x^2 f}{\sum f} - \left(\frac{\sum xf}{\sum f}\right)^2} = \sqrt{\frac{31760000000}{400} - 8600^2} = 2332.38$$

5. 分别用 $\bar{x}_甲$、$\bar{x}_乙$ 表示甲、乙两村的平均亩产:

$$\bar{x}_甲 = \frac{\sum m}{\sum \frac{m}{x}} = \frac{25000 + 150000 + 500000}{\frac{25000}{100} + \frac{150000}{150} + \frac{500000}{400}} = \frac{675000}{2500} = 270(千克/亩)$$

$$\bar{x}_乙 = \frac{\sum xf}{\sum f} = \frac{150 \times 1250 + 200 \times 500 + 450 \times 750}{1250 + 500 + 750} = \frac{625000}{2500} = 250(千克/亩)$$

在相同的耕地自然条件下,乙村的单产多于甲村,故乙村的生产经营管理工作做得好,但由于甲村的平原地所占比重大,山地所占比重小,乙村则相反,因权数的作用,使得甲村的总平均单产多于乙村。

6. (1) 第五年末完成水平为 56 万吨,则

$$计划完成程度 = \frac{56}{45} \times 100\% = 124.44\%$$

(2) 从表中第四年的二季度起,至第五年的一季度止的连续一年中,达到了计划所规定的水平,即 10+11+12+12=45(万吨),则该产品提前三个季度完成了五年计划。

7. 根据相对指标或平均指标权数选取的两个原则,计算销售额平均计划完成程度时,不能选取企业个数作为权数,而应选取实际销售额作为权数,这属于"缺分母"的情况,故计算销售额平均计划完成程度时,应采用加权调和平均数;而计算公司的销售利润率时,不能选取企业个数作为权数,而应选取销售利润率作为权数,这属于"缺分子"的情况,故计算平均销售利润率时,应采用加权平均数。计算结果如下:

按销售额计划完成程度(%)分组	组中值(%) (1)	企业数(个) (2)	实际销售额(万元) (3)	销售利润率(%) (4)	计划销售额(万元) (5)=(3)/(1)×100	销售利润(万元) (6)=(3)×(4)/100
100 以下	95	3	590	12	621.05	70.80
100~110	105	12	4300	18	4095.24	774.00
110~120	115	5	1728	22	1502.61	380.16
合 计	—	20	6618	—	6218.90	1224.96

所以销售额平均计划完成程度为

$$H = \frac{\text{实际销售总额}}{\text{计划销售总额}} = \frac{590+4300+1728}{\frac{590}{0.95}+\frac{4300}{1.05}+\frac{1728}{1.15}} \times 100\%$$

$$= \frac{6618}{6218.90} \times 100\% = 106.42\%$$

公司的平均销售利润率为

$$\bar{x} = \frac{\text{销售利润总额}}{\text{实际销售额总额}} = \frac{12\% \times 590 + 18\% \times 4300 + 22\% \times 1728}{590+4300+1728}$$

$$= \frac{1224.96}{6618} \times 100\% = 18.51\%$$

8. (1) A (2) A (3) A (4) D (5) D (6) D (7) A
9. 该公司所属企业的平均单位成本计算过程如下:

按平均单元成本分组 （元/件）	企业数 （个）	组中值 x(元/件)	各组产量占总产量比重(%) $f/\sum f$
10～12	1	11	22
12～14	2	13	40
14～18	3	16	38
合　计	6	—	100

平均单位成本：

$$\bar{x} = \sum x \frac{f}{\sum f} = 11 \times 0.22 + 13 \times 0.4 + 16 \times 0.38 = 13.7(元/件)$$

10. 该企业工人平均工资计算过程所需数据如下：

工资额(元) x	工资总额(元) $m=xf$	工人数(人) $f=m/x$
4600	23000	5
5200	78000	15
6000	108000	18
7000	70000	10
8500	17000	2
合　计	296000	50

由于

$$各组工人数(f) = \frac{各组工资总额(xf)}{各组工资额(x)}$$

所以平均工资为

$$H = \frac{m_1 + m_2 + \cdots + m_n}{\frac{m_1}{x_1} + \frac{m_2}{x_2} + \cdots + \frac{m_n}{x_n}} = \frac{23000 + 78000 + 108000 + 70000 + 17000}{\frac{23000}{4600} + \frac{78000}{5200} + \frac{108000}{6000} + \frac{70000}{7000} + \frac{17000}{8500}}$$

$$= \frac{23000 + 78000 + 108000 + 70000 + 17000}{5 + 15 + 18 + 10 + 2} = \frac{296000}{50} = 5920(元/人)$$

11. 计算过程所需数据如下：

按平均月收入分组（元）	组中值 x(元)	职工户数 f(户)	xf	向上累计	向下累计
1000～2000	1500	6	9000	6	426
2000～3000	2500	10	25000	16	420
3000～4000	3500	20	70000	36	410
4000～5000	4500	30	135000	66	390
5000～6000	5500	40	220000	106	360
6000～7000	6500	240	1560000	346	320
7000～8000	7500	60	450000	406	80
8000～9000	8500	20	170000	426	20
合　计	—	426	2639000	—	—

由上述数据可得平均每人月收入：

$$\bar{x} = \frac{\sum xf}{\sum f} = \frac{2639000}{426} = 6195 (元)$$

根据上述数据可以判定，众数组在平均月收入 6000～7000 元组，由下限公式，有

$$M_o = L + \frac{f_n - f_{n-1}}{(f_n - f_{n-1}) + (f_n - f_{n+1})} \times d$$

$$= 6000 + \frac{240 - 40}{(240 - 40) + (240 - 60)} \times 1000$$

$$= 6000 + \frac{200}{200 + 180} \times 1000 = 6526 (元)$$

根据上述数据可以判定，向上累计和向下累计的中位数组在平均月收入 6000～7000 元组，由下限公式，有

$$M_e = L + \frac{\frac{\sum f}{2} - S_{m-1}}{f_m} \times d$$

$$= 6000 + \frac{\frac{426}{2} - 106}{240} \times 1000 = 6446 (元)$$

12. 该种蔬菜平均购买价格计算过程所需数据如下：

时间	价格(元/千克) x	购买金额(元) $m=xf$	购买量(千克) $f=\dfrac{m}{x}$
早	5	100	20
午	4	120	30
晚	2	140	70
合计	—	360	120

由于

$$蔬菜平均购买价格 = \frac{蔬菜购买金额}{蔬菜购买量}$$

所以蔬菜的平均购买价格为

$$H = \frac{\sum m}{\sum \dfrac{m}{x}} = \frac{100+120+140}{\dfrac{100}{5}+\dfrac{120}{4}+\dfrac{140}{2}} = \frac{360}{120} = 3(元/千克)$$

13. 计算过程所需数据如下:

甲单位				乙单位			
日产量 $x_甲$(件)	职工人数 $f_甲$(人)	$x_甲 f_甲$	$(x_甲 - \bar{x}_甲)^2 f_甲$	日产量 $x_乙$(件)	职工人数 $f_乙$(人)	$x_乙 f_乙$	$(x_乙 - \bar{x}_乙)^2 f_乙$
145	4	580	4096	140	5	700	5780
155	8	1240	3873	160	10	1600	1960
170	15	2550	735	175	24	4200	24
185	20	3700	1280	187	15	2805	2535
195	7	1365	2268	197	2	394	1058
215	3	645	4332	220	1	220	2116
合计	57	10080	16584	合计	57	9919	13473

由上述数据可得:

$$\bar{x}_甲 = \frac{\sum x_甲 f_甲}{\sum f_甲} = \frac{10080}{57} = 176.8(件)$$

$$\bar{x}_乙 = \frac{\sum x_乙 f_乙}{\sum f_乙} = \frac{9919}{57} = 174.0(件)$$

$$\sigma_{甲} = \sqrt{\frac{\sum (x_{甲} - \bar{x}_{甲})^2 f_{甲}}{\sum f_{甲}}} = \sqrt{\frac{16583}{57}} = 17.06(件)$$

$$\sigma_{乙} = \sqrt{\frac{\sum (x_{乙} - \bar{x}_{乙})^2 f_{乙}}{\sum f_{乙}}} = \sqrt{\frac{13473}{57}} = 15.4(件)$$

$$V_{\sigma 甲} = \frac{\sigma_{甲}}{\bar{x}_{甲}} = \frac{17.06}{176.8} = 0.01$$

$$V_{\sigma 乙} = \frac{\sigma_{乙}}{\bar{x}_{乙}} = \frac{15.4}{174.0} = 0.09$$

因为 $V_{\sigma 乙} > V_{\sigma 甲}$，所以甲单位的平均日产量更具有代表性。

14. 计算过程所需数据如下：

使用寿命（小时）	组中值（小时）	零件数（件）
700 以下	650	10
700～800	750	60
800～900	850	230
900～1000	950	450
1000～1200	1100	190
1200 以上	1300	60
合　计	—	1000

因为使用寿命大于 800 的为合格品，故合格品的单位数为
$$230 + 450 + 190 + 60 = 930$$

所以

$$平均合格率\ p = \frac{230 + 450 + 190 + 60}{1000} = 0.93$$

$$合格品的标准差\ \sigma = \sqrt{p(1-p)} = \sqrt{0.93 \times (1-0.93)} = 0.2551$$

$$合格品的标准差系数\ V_{\sigma} = \frac{\sigma}{\bar{x}} = \frac{0.2551}{0.93} = 27.43\%$$

15. 计算过程所需数据如下：

	一班				二班		
成绩组中值 $x_甲$（分）	人数 $f_甲$（人）	$x_甲 f_甲$	$(x_甲 - \bar{x}_甲)^2 f_甲$	成绩组中值 $x_乙$（分）	人数 $f_乙$（人）	$x_乙 f_乙$	$(x_乙 - \bar{x}_乙)^2 f_乙$
45	1	45	844.48	45	2	90	1800
55	3	165	1089.85	55	3	165	1200
65	6	390	492.5	65	6	390	600
75	12	900	10.6	75	9	675	0
85	8	680	957.47	85	12	1020	1200
95	2	190	876.97	95	3	285	1200
合计	32	2370	4271.87	—	35	2625	6000

由上述数据可得：

$$\bar{x}_甲 = \frac{\sum x_甲 f_甲}{\sum f_甲} = \frac{2370}{32} = 74.06(\text{分})$$

$$\bar{x}_乙 = \frac{\sum x_乙 f_乙}{\sum f_乙} = \frac{2625}{35} = 75(\text{分})$$

$$\sigma_甲 = \sqrt{\frac{\sum (x_甲 - \bar{x}_甲)^2 f_甲}{\sum f_甲}} = \sqrt{\frac{4271.87}{32}} = 11.55(\text{分})$$

$$\sigma_乙 = \sqrt{\frac{\sum (x_乙 - \bar{x}_乙)^2 f_乙}{\sum f_乙}} = \sqrt{\frac{6000}{35}} = 13.09(\text{分})$$

$$V_{\sigma 甲} = \frac{\sigma_甲}{\bar{x}_甲} = \frac{11.55}{74.06} = 0.1560$$

$$V_{\sigma 乙} = \frac{\sigma_乙}{\bar{x}_乙} = \frac{13.09}{75} = 0.1745$$

因为 $V_{\sigma 乙} > V_{\sigma 甲}$，所以甲单位的平均日产量更具有代表性。

16．(1) 平均差计算过程所需数据如下：

学生序号	考分(分) x_A	x_B	平均数离差 $x_A - \bar{x}_A$	离差绝对值 $|x_A - \bar{x}_A|$	平均数离差 $x_B - \bar{x}_B$	离差绝对值 $|x_B - \bar{x}_B|$
甲	65	68	−10	10	−7	7
乙	70	70	−5	5	−5	5
丙	75	76	0	0	1	1
丁	80	80	5	5	5	5
戊	85	81	10	10	6	6
合计	375	375	—	30	—	24

由上述数据可得：

$$\bar{x}_A = \bar{x}_B = \frac{375}{5} = 75(分)$$

$$A.D_A = \frac{\sum |x_A - \bar{x}_A|}{n} = \frac{30}{5} = 6(分)$$

$$A.D_B = \frac{\sum |x_B - \bar{x}_B|}{n} = \frac{24}{5} = 4.8(分)$$

因为 $\bar{x}_A = \bar{x}_B$ 且 $A.D_B < A.D_A$，所以 B 组学生平均考分比 A 组学生平均考分更有代表性。

（2）标准差计算过程所需数据如下：

学生序号	考分(分) x_A	x_B	平均数离差 $x_A - \bar{x}_A$	离差平方 $(x_A - \bar{x}_A)^2$	平均数离差 $x_B - \bar{x}_B$	离差平方 $(x_B - \bar{x}_B)^2$
甲	65	68	−10	100	−7	49
乙	70	70	−5	25	−5	25
丙	75	76	0	0	1	1
丁	80	80	5	25	5	25
戊	85	81	10	100	6	36
合计	375	375	—	250	—	136

由上述数据可得：

$$\bar{x}_A = \bar{x}_B = 75(分)$$

$$\sigma_A = \sqrt{\frac{\sum (x_A - \bar{x}_A)^2}{n}} = \sqrt{\frac{250}{5}} = 7.07(分)$$

$$\sigma_B = \sqrt{\frac{\sum(x_B - \bar{x}_B)^2}{n}} = \sqrt{\frac{136}{5}} = 5.2(分)$$

因为 $\bar{x}_A = \bar{x}_B$ 且 $\sigma_A > \sigma_B$,所以 B 组学生平均考分比 A 组学生平均考分更有代表性。

17. $V_A = \dfrac{\sigma}{\bar{x}} = \dfrac{0.5}{3} = 0.167$, $V_B = \dfrac{\sigma}{\bar{x}} = \dfrac{6}{30} = 0.2$

因此作为消费者,我会选择 A 种产品。

18. $\bar{x}_1 = \dfrac{\sum m}{\sum \dfrac{m}{x}} = \dfrac{190 + 250 + 609}{\dfrac{190}{95\%} + \dfrac{250}{100\%} + \dfrac{609}{105\%}} = 102\%$

$\bar{x}_2 = \dfrac{\sum xf}{\sum f} = \dfrac{190 \times 18 + 250 \times 12 + 609 \times 15}{190 + 250 + 609} = 14.8(元/件)$

19. $\bar{x} = \sqrt[n]{\prod x_i} = \sqrt[3]{95.74\% \times 93.48\% \times 97.23\%} = 95.47\%$

20. $\bar{x} = \dfrac{\sum xf}{\sum f} = \dfrac{50.5 \times 28 + 53.5 \times 39 + 56.5 \times 68 + 59.5 \times 53 + 62.5 \times 24}{212}$

$= 56.58(千克)$

$M_e = 55 + \dfrac{\dfrac{212}{2} - 67}{68} \times 3 = 56.72(千克)$

$M_o = 55 + \dfrac{68 - 39}{(68 - 39) + (68 - 53)} \times 3 = 56.98(千克)$,分布左偏。

第五章 时间数列

学习辅导

一、本章学习目的与要求

（1）理解时间数列的意义和编制原则。
（2）掌握时间数列的水平分析指标，重点掌握序时平均数的计算方法。
（3）掌握时间数列的速度分析指标，重点掌握平均发展速度的计算方法。
（4）理解时间数列中各期发展水平变化的影响因素。
（5）掌握测定长期趋势的具体方法。
（6）掌握季节变动的影响及测定方法。

二、本章内容提要

（一）时间数列及其编制

时间数列是一种统计数列，是将同类指标在不同时间上的数值按时间先后顺序排列所形成的数列，通常又称它为时间序列或动态数列。时间数列按其统计指标的性质和表现形式，分为绝对数时间数列、相对数时间数列和平均数时间数列三种。其中，绝对数时间数列是基本数列，相对数和平均数时间数列是派生数列。

编制时间数列的目的之一就是要进行动态对比分析，所以保证统计指标的可比性是编制时间数列时要遵循的最基本原则，具体包括总体空间范围应该一致；时期长短应该相等；指标经济内容要可比；指标计算方法和计量单位应该一致。

（二）时间数列的水平分析指标

1. 发展水平

发展水平亦称发展量，指时间数列中的每项指标值。它反映社会经济现象在不同时期的规模或水平。发展水平是时间意义上的统计指标,一般表现为绝对数、相对数和平均数。

发展水平通常用 a_i 表示,则时间数列各期的发展水平分别为 $a_0, a_1, a_2, \cdots, a_{n-1}, a_n$,其中,数列首期水平 a_0 为最初水平,排在最后的 a_n 为最末水平,其他各期水平为中间水平。

2. 平均发展水平

1) 平均发展水平的概念

平均发展水平是将时间数列中各期发展水平加以平均而求得的平均数,统计上又称这种平均数为序时平均数或动态平均数。它从动态上反映了现象在一段时间内发展水平的一般情况。

2) 平均发展水平的计算

绝对数时间数列计算序时平均数(分为五种情况讨论)。

第一种情况:当由时期数列计算序时平均数时,其计算公式为

$$\bar{a} = \frac{\sum_{i=1}^{n} a_i}{n}$$

第二种情况:当由逐日登记并逐日给出时间数列资料时,其计算公式为

$$\bar{a} = \frac{\sum_{i=1}^{n} a_i}{n}$$

第三种情况:当由逐日登记但间隔几日给出时间数列资料时,其计算公式为

$$\bar{a} = \frac{\sum_{i=1}^{n} a_i f_i}{\sum_{i=1}^{n} f_i}$$

第四种情况:当是间隔相等的间断时点数列时,采用"首尾折半法",其计算公式为

$$\bar{a} = \frac{\frac{a_1}{2} + a_2 + \cdots + a_{n-1} + \frac{a_n}{2}}{n-1}$$

第五种情况:当是间隔不等的间断时点数列时,其计算公式为

$$\bar{a} = \frac{\frac{a_1 + a_2}{2} \times f_1 + \frac{a_2 + a_3}{2} \times f_2 + \cdots + \frac{a_{n-1} + a_n}{2} \times f_{n-1}}{\sum_{i=1}^{n-1} f_i}$$

【例 5.1】 某商店 2018 年各月末商品库存额资料如下：

月份	1	2	3	4	5	6	8	11	12
库存额(万元)	60	55	48	43	40	50	45	60	68

又知 1 月 1 日商品库存额为 63 万元。试计算上半年、下半年和全年的平均商品库存额。

解 该商店上半年平均商品库存额：

$$\bar{a}_1 = \frac{\frac{a_1}{2} + a_2 + a_3 + \cdots + a_{n-1} + \frac{a_n}{2}}{n-1}$$

$$= \frac{\frac{63}{2} + 60 + 55 + 48 + 43 + 40 + \frac{50}{2}}{7-1}$$

$$= 50.417(万元)$$

该商店下半年平均商品库存额：

$$\bar{a}_2 = \frac{\frac{a_1+a_2}{2} \times f_1 + \frac{a_2+a_3}{2} \times f_2 + \cdots + \frac{a_{n-1}+a_n}{2} \times f_{n-1}}{f_1 + f_2 + f_3 + \cdots + f_{n-1}}$$

$$= \frac{\frac{50+45}{2} \times 2 + \frac{45+60}{2} \times 3 + \frac{60+68}{2} \times 1}{2+3+1}$$

$$= \frac{95 + 157.5 + 64}{2+3+1} = 52.75(万元)$$

该商店全年平均商品库存额：

$$\bar{a} = \frac{\bar{a}_1 + \bar{a}_2}{2} = \frac{50.417 + 52.75}{2} = 51.5835(万元)$$

(2) 由相对数时间数列计算序时平均数(分为三种情况讨论)。

其基本计算公式为

$$\bar{c} = \frac{\bar{a}}{\bar{b}}$$

第一种情况：当分子、分母项数列均为时期数列时，其计算公式为

$$\bar{c} = \frac{\bar{a}}{\bar{b}} = \frac{\frac{\sum_{i=1}^{n} a_i}{n}}{\frac{\sum_{i=1}^{n} b_i}{n}} = \frac{\sum_{i=1}^{n} a_i}{\sum_{i=1}^{n} b_i}$$

第二种情况:当分子、分母项数列均为间隔相等的不连续时点数列时,计算序时平均数的公式应为

$$\bar{c} = \frac{\bar{a}}{\bar{b}} = \frac{\left(\frac{a_1}{2} + a_2 + \cdots + \frac{a_n}{2}\right) \div (n-1)}{\left(\frac{b_1}{2} + b_2 + \cdots + \frac{b_n}{2}\right) \div (n-1)} = \frac{\frac{a_1}{2} + a_2 + \cdots + \frac{a_n}{2}}{\frac{b_1}{2} + b_2 + \cdots + \frac{b_n}{2}}$$

第三种情况:当分子、分母项数列属于不同性质的时间数列时,应根据具体情况计算序时平均数。具体在本章重点、难点释析中进行说明。

(3) 由平均数时间数列计算序时平均数。

其计算序时平均数的方法,与相对数时间数列计算序时平均数的方法相同,即分别计算出分子数列和分母数列的序时平均数,然后再将这两个序时平均数对比,得到一般平均数时间数列的序时平均数。

【例 5.2】 已知某企业 1 月、2 月、3 月、4 月的平均职工人数分别为 190 人、195 人、193 人和 201 人。则该企业一季度的平均职工人数的计算方法为(　　)。

A. $\dfrac{190+195+193+201}{4}$ B. $\dfrac{190+195+193}{3}$

C. $\dfrac{\frac{190}{2}+195+193+\frac{201}{2}}{4-1}$ D. $\dfrac{\frac{190}{2}+195+193+\frac{201}{2}}{4}$

分析 计算序时平均数问题的关键是看给出的时间数列的性质,本题中,给出的是平均数时间数列,且间隔相等,故选 B。

3. 增长量

增长量又称增减量,是在一定时期内所增减的绝对量,即报告期水平与基期水平之差。它说明某种社会经济现象报告期水平比基期水平增加或减少了多少。

下面以 $n+1$ 项资料 $a_0, a_1, a_2, \cdots, a_{n-1}, a_n$ 来说明。a_0 为最初水平,a_n 为最末水平。

(1) 逐期增长量:逐期增长量是报告期水平减去前一期水平的差额,说明现象逐期增加或减少的数量。

其计算公式为

$$z_i = a_i - a_{i-1} \quad (i=1,2,\cdots,n)$$

(2) 累计增长量:它是报告期水平与某一固定时期水平(常为时间数列的最初水平)之差,表明现象在一定时间内总的增长或减少的数量。

其计算公式为

$$L_i = a_i - a_0 \quad (i=1,2,\cdots,n)$$

(3) 逐期增长量与累计增长量的关系:

① 各个逐期增长量之和等于相应的累计增长量,即

$$(a_1-a_0)+(a_2-a_1)+\cdots+(a_n-a_{n-1})=a_n-a_0$$

② 相邻两个累计增长量之差等于相应的逐期增长量,即

$$(a_i-a_0)-(a_{i-1}-a_0)=a_i-a_{i-1}$$

4. 平均增长量

平均增长量就是将各逐期增长量累加后除以逐期增长量的个数,即

$$\bar{z}=\frac{\sum_{i=1}^{n}(a_i-a_{i-1})}{n} \quad \text{或} \quad \bar{z}=\frac{L_n}{n}=\frac{a_n-a_0}{n}$$

(三) 时间数列的速度分析指标

时间数列的速度分析指标包括发展速度、平均发展速度、增长速度和平均增长速度。

1. 发展速度

(1) 环比发展速度:环比发展速度是时间数列中报告期水平与前一期水平之比。它表明现象在相邻两个时期的逐期发展方向和发展程度。

其计算公式为

$$\frac{a_1}{a_0},\frac{a_2}{a_1},\frac{a_3}{a_2},\cdots,\frac{a_i}{a_{i-1}},\cdots,\frac{a_n}{a_{n-1}}$$

(2) 定基发展速度:定基发展速度是时间数列中报告期水平与某一固定时期水平(通常为最初水平)之比。用来反映社会经济现象在较长时期总的发展速度。

其计算公式为

$$\frac{a_1}{a_0},\frac{a_2}{a_0},\cdots,\frac{a_i}{a_0},\cdots,\frac{a_n}{a_0}$$

(3) 定基发展速度与环比发展速度之间的关系:

① 定基发展速度等于相应时期各环比发展速度的连乘积,即

$$\frac{a_i}{a_0}=\prod_{1}^{i}\frac{a_i}{a_{i-1}}$$

② 相邻时期的两个定基发展速度之比等于相应的环比发展速度，即

$$\frac{\frac{a_i}{a_0}}{\frac{a_{i-1}}{a_0}} = \frac{a_i}{a_{i-1}}$$

2. 增长速度

（1）增长速度的基本公式。

$$增长速度 = \frac{增长量}{基期水平} = \frac{报告期水平 - 基期水平}{基期水平} = 发展速度 - 1$$

其中：

$$定基增长速度 = 定基发展速度 - 1$$
$$环比增长速度 = 环比发展速度 - 1$$
$$年距增长速度 = 年距发展速度 - 1$$

（2）增长 1% 的绝对值的基本公式。

$$增长 1\% 的绝对值 = \frac{逐期增长量}{环比增长速度(\%)} = \frac{前期水平}{100}$$

3. 平均发展速度

（1）几何平均法（水平法）。

$$\bar{x} = \sqrt[n]{\frac{a_n}{a_0}} = \sqrt[n]{\prod_{i=1}^{n} x_i}$$

由几何平均法计算平均发展速度的公式可以看出：从时间数列的最初水平出发，按平均发展速度一直发展到最末一期，其最末水平的理论值与实际值相符。

（2）方程式法（累计法）。

往往利用已经编好的《平均增长速度查对表》来计算。计算 $\dfrac{\sum_{i=1}^{n} a_i}{a_0}$ 除以 n，若所得的商大于 1，查增长速度表；若所得的商小于 1，查下降速度表。

由方程式法的基本思想可以看出：从时间数列的最初水平出发，按平均发展速度发展，形成各期发展水平的理论值，这些理论值的累计和与实际发展水平的累计和相等。

4. 平均增长速度

$$平均增长速度 = 平均发展速度 - 1$$

【例 5.3】 某化工厂生产硬质 PVC 管材，2010 年产量为 4 万吨，若"十二五"期间每年平均增长 10%，以后每年平均增长 16%。试计算：

(1) 2020年硬质PVC管材产量将达到多少万吨?

(2) 如果规定2020年产量比2010年翻两番,那么每年需要增长多少才能达到预定的产量?

解 (1) 已知 $a_0=4$,2011~2015年的平均发展速度为 $\bar{x}_1=1+10\%=110\%$,2016~2020年的平均发展速度为 $\bar{x}_2=1+16\%=116\%$,总的时间为10年。则2020年硬质PVC管材产量为

$$a_{2020}=a_{2010}\cdot \bar{x}_1^5 \cdot \bar{x}_2^5=4\times 1.10^5 \times 1.16^5=13.53(万吨)$$

(2) 因为2020年产量比2010年翻两番,即2020年产量是2010年的4倍,所以2020年产量为

$$a_{2020}=4\times 4=16(万吨),\quad n=10(年)$$

则平均增长速度为

$$\bar{x}-1=\sqrt[n]{\frac{a_n}{a_0}}-1=\sqrt[10]{\frac{16}{4}}-1=1.15-1=15\%$$

即每年需要增长15%才能达到预定的产量。

(四) 时间数列的影响因素分析

1. 时间数列的影响因素及模型

时间数列的影响因素有长期趋势(T)、季节变动(S)、循环变动(C)、随机变动(I),基本上,时间数列中指标值的形成是以上四类因素共同作用的结果。

根据影响因素的相互关系的不同假设,可将时间数列的分析模型分为加法和乘法两种。

加法模型假设四个影响因素是相互独立的,则时间数列各期发展水平是各影响因素相加的总和,即 $Y=T+S+C+I$。乘法模型假设四个影响因素存在某种相互影响的关系,互不独立,则时间数列各期发展水平是各影响因素相乘之积,即 $Y=T\times S\times C\times I$。

2. 长期趋势的测定方法

1) 时距扩大法

扩大时间数列指标值所属的时间单位,再根据新的时间单位计算相应指标的平均值,这样形成一个新的时间数列。

2) 移动平均法

移动平均法的基本思想:选择一定的期数,对原数列按选定的期数逐项移动计算平均数,从而对原数列进行修匀,以消除偶然因素的影响。一般视时间数列本身的特点选择合理的移动时期长度。另外,采用偶数项移动平均时,必须进行

修匀。

3) 趋势模型法

当时间数列指标值的一级增长量大致相等时,可选用直线趋势方程。其趋势方程为 $y_t = a + bt$,采用最小二乘法,估计出的参数为

$$\begin{cases} b = \dfrac{n\sum ty - \sum t \sum y}{n\sum t^2 - (\sum t)^2} \\ a = \bar{y} - b\bar{t} = \dfrac{\sum y}{n} - b\dfrac{\sum t}{n} \end{cases}$$

【例 5.4】 2005~2018 年某企业销售额(单位:万元)的统计资料如下:

年份	2005	2006	2007	2008	2009	2010	2011
销售额	18547.90	21617.80	26638.10	34634.40	46759.40	58478.10	67884.60
年份	2012	2013	2014	2015	2016	2017	2018
销售额	74462.60	78345.20	82067.46	89468.10	97314.80	105172.34	117251.90

请用最小平方法配合直线趋势方程,并预测 2019 年的销售额。

解 设销售额为 y,因为年份有 14 年,为偶数,故取时间 $t = -13, -11, -9, -7, -5, -3, -1, 1, 3, 5, 7, 9, 11, 13$,令直线趋势方程为 $Y_t = a + bt$,计算过程所需数据如下:

年份	t	销售额 y (万元)	t^2	ty
2005	−13	18547.9	169	−241122.70
2006	−11	21617.8	121	−237795.80
2007	−9	26638.1	81	−239742.90
2008	−7	34634.4	49	−242440.80
2009	−5	46759.4	25	−233797.00
2010	−3	58478.1	9	−175434.30
2011	−1	67884.6	1	−67884.60
2012	1	74462.6	1	74462.60
2013	3	78345.2	9	235035.60

续表

年份	t	销售额 y（万元）	t^2	ty
2014	5	82067.46	25	410337.30
2015	7	89468.1	49	626276.70
2016	9	97314.8	81	875833.20
2017	11	105172.34	121	1156895.74
2018	13	117251.9	169	1524274.70
合计	0	918642.7	910	3464897.74

根据 a、b 的公式有

$$b=\frac{\sum ty-\frac{1}{n}\sum t\sum y}{\sum t^2-\frac{1}{n}\left(\sum t\right)^2}=\frac{\sum ty}{\sum t^2}=\frac{3464897.74}{910}=3807.58$$

$$a=\frac{\sum y}{n}-b\frac{\sum t}{n}=\bar{y}=\frac{918642.70}{14}=65617.34$$

所以国内生产总值对时间的直线趋势方程为

$$Y_t=65617.34+3807.58t$$

则 2019 年（令 $t=15$ 代入直线趋势方程）销售额的预测值为

$$Y_{2019}=65617.34+3807.58\times15=122731.04（万元）$$

3. 季节变动的测定

1) 同期平均法

当时间数列的长期趋势不存在或不明显时，可采用同期平均法。同期（月，季）平均法测定季节变动的一般步骤如下：

第一步，年内同月（季）平均数。

第二步，计算总的月（季）平均数。

第三步，用同期平均数除以总平均数，得季节比率。

第四步，计算出的季节比率之和应该等于 12 或 4，但实际上由于计算过程的四舍五入，往往季节比率之和与理论值不符，需要进行调整，即用调整系数乘以各季节比率，调整系数的计算式如下：

$$调整系数=\frac{12（或4）}{各月（季）比率之和}$$

第五章 时间数列

【例 5.5】 某服装公司 2014～2018 年各月销售额资料如下,试计算其季节比率。

月份	销售额(万元)					5 年同月销售额平均	季节比率(%)
	2014	2015	2016	2017	2018		
	(1)	(2)	(3)	(4)	(5)	(6)	(7)
1	13.20	13.20	16.80	16.80	15.60	15.12	17.65
2	14.40	18.00	25.20	25.20	26.40	21.84	25.49
3	22.80	26.40	37.20	37.20	39.60	32.64	38.10
4	43.20	46.80	62.40	60.00	58.80	54.24	63.31
5	50.40	76.80	81.60	79.20	84.00	74.40	86.83
6	170.40	196.80	225.60	234.00	240.00	213.36	249.02
7	288.00	336.00	372.00	378.00	381.60	351.12	409.80
8	114.00	144.00	168.00	174.00	183.60	156.72	182.91
9	45.60	46.80	57.60	58.80	61.20	54.00	63.03
10	21.60	22.80	28.80	30.00	31.20	26.64	31.09
11	14.40	15.60	14.40	16.80	16.80	15.60	18.21
12	10.80	12.00	13.20	14.40	13.20	12.72	14.85
年总计	808.80	955.20	1102.80	1124.40	1152.00	85.68	

分析 计算步骤如下:

第一步,计算 5 年同月份的平均数,见表中第(6)列各月的数据。

第二步,计算 5 年同月份的平均数的平均数,见表中第(6)列数据的合计数。

第三步,计算各年同月平均数对总平均数的比率,即用第一步计算的各月数据除以第二步的数据,就是季节比率。

从季节比率的计算可以看出,6 月、7 月、8 月为旺季,而 11 月、12 月、1 月为淡季。

2) 平均趋势剔除法

当时间数列存在明显的长期趋势时,需要先剔除长期趋势的影响,然后再计算季节比率,其步骤如下:

第一步,对时间数列计算移动平均数(通常是计算十二项或四项移动平均数),作为时间数列的长期趋势值。

第二步,用时间数列的原有指标值除以对应的长期趋势值,得到剔除长期趋势后的新时间数列。

第三步,对该新时间数列实施同期平均法的各步骤,计算出季节比率。

重点、难点释析

本章的重点和难点是序时平均数的计算方法;增长量的概念、种类和计算方法;平均增长量的计算方法;发展速度及增长速度的概念、种类和计算方法;平均发展速度的计算;长期趋势、季节变动和循环变动的测定方法。下面对这些重点、难点进行释析。

一、依据相对数时间数列计算序时平均数

由于构成时间数列的数据时态不同,序时平均数的计算方法也不同。注意:总量指标时间数列序时平均数的计算是最基本的,相对指标及平均指标时间数列序时平均数的计算,都可归结为总量指标序时平均数的时间数列计算。

【例 5.6】 某企业 2018 年有关月份的资料如下:

月份	7	8	9	10
增加值 a(万元)	750	830	800	850
月初职工人数 b(人)	870	910	900	920

计算:

(1) 该企业 2018 年第三季度月平均劳动生产率。

(2) 该企业 2018 年第三季度劳动生产率。

解 (1) 该企业 2018 年第三季度月平均劳动生产率为

$$\bar{c} = \frac{\bar{a}}{\bar{b}} = \frac{(750+830+800) \div 3}{\left(\frac{870}{2}+910+900+\frac{920}{2}\right) \div 3}$$

$$= \frac{2380}{2705} = 0.8799(万元/人)$$

(2) 该企业 2018 年第三季度劳动生产率 = 0.8799×3 = 2.6397(万元/人)

分析 (1) 依据相对数时间数列计算序时平均数时要注意分子与分母的时间长短应该保持一致。该题是计算第三季度,所以 10 月的增加值不能计入。

(2) 由于分子是时期指标,而分母是时点指标,所以该企业第三季度平均每月劳动生产率与第三季度劳动生产率的计算结果不同。

二、定基增长速度和环比增长速度的关系

【例 5.7】 某公司 2015~2018 年销售额的环比增长速度分别为 7‰、8‰、12‰、18‰,则定基增长速度为( )。

A. 7‰×8‰×12‰×18‰
B. 7‰×8‰×12‰×18‰－100%
C. 107‰×108‰×112‰×118‰
D. 107‰×108‰×112‰×118‰－100%

分析 此题的定基增长速度应该为 2015~2018 年四年总的增长速度。首先应该将环比增长速度改为环比发展速度,再将环比发展速度连乘得到定基发展速度,最后将定基发展速度减 1 就计算出定基增长速度。此题应选 D。

三、几何平均法(水平法)和方程式法(累计法)的特点

几何平均法(水平法)计算平均发展速度的公式为 $\bar{x} = \sqrt[n-1]{\dfrac{a_n}{a_1}}$,它是从时间数列的最初水平出发,按平均发展速度一直发展到最末一期,其最末发展水平的理论值与实际值相符合,因此,它只与最初水平和最末发展水平有关,没有充分利用中间信息,当中间各期环比发展速度差异很大时,就不适宜用水平法计算平均发展速度。但它的计算简单,故在实际中用得很多。

方程式法(累计法)计算平均发展速度的公式为 $\bar{x}^{n-1} + \bar{x}^{n-2} + \cdots + \bar{x} = \dfrac{\sum_{i=2}^{n} a_i}{a_1}$,它是从时间数列的最初水平和平均发展速度出发,推算出各期发展水平的理论值,这些理论值的累计和与实际发展水平的累计和相等,它充分利用了时间数列资料的信息。显然,这个方程求解比较复杂,在实际工作中,通常编制《平均增长速度查对表》,据之查出平均增长速度。

四、选择时间数列所要配合的趋势线类型的方法

对于时间数列配合趋势线,首先要解决的问题是趋势线类型的选择,它直接关系到对现象的描述及其规律性认识的结论。趋势线选择不当,往往不能正确描述现象的数量规律性,从而给预测结果带来较大的误差。困难的是,在多数情况下,我们并不能直接根据时间序列的观察值来判断现象的发展态势或趋势。实际选择趋势线的类型时,应从以下几方面考虑:

(1) 应弄清所观察变量的实际意义及其相关理论知识,根据观察值的变化规律及散点的形态确定适当的趋势线类型。这主要取决于研究者的经验和理论水平。

(2) 根据观察值数据本身的特点,按以下标准选择趋势线:若各观察值的第一阶差(逐期增长量)大致相等,可配合直线趋势;若各观察值第二阶差大致相等,可配合二次曲线;若各观察值的环比发展速度大致相等,可配合指数曲线;若各观察值的第一阶差的环比发展速度大致相同,可配合修正指数曲线;等等。

(3) 如果同一时间序列有几种趋势线可供选择,以估计标准误差最小者为宜。估计标准误差的计算公式为

$$S_y = \sqrt{\frac{\sum(y_t - \hat{y}_t)^2}{n-m}}$$

式中,y_t 为实际观察,$\hat{y}_t$ 为趋势,n 为观察值项数,m 为趋势方程中待估参数的个数。

五、移动平均趋势剔除法

【例5.8】 某企业某种产品 2014～2018 年的销售量(单位:万吨)资料如下:

年份	季度			
	一	二	三	四
2014	270	300	345	405
2015	300	360	435	525
2016	360	435	510	630
2017	435	525	615	750
2018	495	600	720	870

试测定该企业的某种产品销售量的季节变动(考虑长期趋势的影响,用五项移动平均)。

解 当存在明显的长期趋势时,使用移动平均趋势剔除法。其步骤为:

(1) 对时间数列计算移动平均数,作为时间数列的长期趋势值,具体如下:

第五章 时间数列

年份	季度	销售量 Y	长期趋势值 T	剔除长期趋势值 Y/T=S×I×100%
2014	一	270	—	—
	二	300	—	—
	三	345	324	106.48
	四	405	342	118.42
2015	一	300	369	81.30
	二	360	405	88.89
	三	435	396	109.85
	四	525	423	124.11
2016	一	360	453	79.47
	二	435	492	88.41
	三	510	474	107.59
	四	630	507	124.26
2017	一	435	543	80.11
	二	525	591	88.83
	三	615	564	109.04
	四	750	597	125.63
2018	一	495	636	77.83
	二	600	687	87.34
	三	720	—	—
	四	870	—	—

(2) 用时间数列的原有指标值除以对应的长期趋势值,得到剔除长期趋势后的新时间数列如上。

(3) 对该新的时间数列实施季平均法的各步骤如下:

年份	季度			
	一	二	三	四
2014	—	—	1597.20	1776.30
2015	1219.50	1333.35	1647.75	1861.65
2016	1192.05	1326.15	1613.85	1863.90
2017	1201.65	1332.45	1635.60	1884.45
2018	1167.45	1310.10	—	—
季平均数	1195.16	1325.51	1623.60	1846.58
总平均值	1497.75	1497.75	1497.75	1497.75
季节比率(%)	79.80	88.50	108.41	123.29

可以看出,剔除长期趋势以后,该企业的某种产品销售量在第一、二季度为淡季,第三、四季度为旺季。

分析 (1) 移动平均趋势剔除法。顾名思义是采用移动平均找出长期趋势,然后将其剔除,呈现季节性变动。当然也可以采用数学模型等方法找出长期趋势。

(2) 移动平均的项数是一个周期,由于本例是季度资料,即计算四项移动平均数,得到时间序列的长期趋势值(T)。

(3) 将实际值除以对应的趋势值$\frac{Y}{T}=S\times I$,即剔除了长期趋势,然后再计算季节比率。

习　　题

一、单项选择题

1. 说明现象在较长时期内发展的总速度的指标是(　　)。
   A. 环比发展速度　　　　　　B. 平均发展速度
   C. 定基发展速度　　　　　　D. 定基增长速度

2. 时间数列中各项指标数值可以相加的是(　　)。
   A. 相对数动态数列　　　　　B. 绝对数动态数列
   C. 时期数列　　　　　　　　D. 时点数列

3. 间隔相等的时点数列计算序时平均数应采用( )。
   A. 几何平均法   B. 加权算术平均法
   C. 简单算术平均法   D. 首末折半法
4. 对长度不同的各时期产值资料计算平均发展速度应采用( )。
   A. 简单算术平均   B. 加权算术平均
   C. 简单几何平均   D. 加权几何平均
5. 移动平均法的主要作用是( )。
   A. 削弱短期的偶然因素引起的波动
   B. 削弱长期的偶然因素引起的波动
   C. 消除季节变动的影响
   D. 预测未来
6. 间隔不等的间断时点数列的序时平均数的计算公式是( )。

   A. $\bar{a} = \dfrac{\sum a}{n}$

   B. $\bar{a} = \dfrac{\frac{1}{2}a_1 + a_2 + \cdots + a_{n-1} + \frac{1}{2}a_n}{n-1}$

   C. $\bar{a} = \dfrac{\dfrac{a_1+a_2}{2}f_1 + \dfrac{a_2+a_3}{2}f_2 + \cdots + \dfrac{a_{n-1}+a_n}{2}f_{n-1}}{\sum f_i}$

   D. $\bar{a} = \dfrac{\sum af}{\sum f}$

7. 根据公式 $\Delta_i = y_i - y_{i-1}(i=1,2,\cdots,n)$ 计算的水平指标是( )。
   A. 累计增长量   B. 逐期增长量
   C. 平均增长量   D. 年距增长量
8. 累计增长量与逐期增长量的关系是( )。
   A. 逐期增长量之和等于累计增长量
   B. 逐期增长量之积等于累计增长量
   C. 累计增加量之和等于逐期增长量
   D. 两者没有直接关系
9. 环比发展速度与定基发展速度之间的关系是( )。
   A. 定基发展速度等于环比发展速度之和
   B. 环比发展速度等于定基发展速度的平方根

C. 环比发展速度的连乘积等于定基发展速度

D. 环比发展速度等于定基发展速度减1

10. 某企业产值前期水平为3200万元,本期水平为4000万元,则增长1%的绝对值为( )万元。

  A. 3200   B. 800

  C. 32   D. 4000

11. 已知某企业产量近三年的环比增长速度分别为8%、12%、17%,则三年总的增长速度为( )。

  A. 8%×12%×17%−100%   B. 8%×12%×17%

  C. 108%×112%×117%   D. 108%×112%×117%−100%

12. 某企业第一、二季度和下半年的原材料平均库存额分别为10万元、15万元和20万元,则全年的平均库存额分别为( )万元。

  A. 15   B. 16.25

  C. 11.25   D. 13.85

13. 用方程法计算平均发展速度的目的在于考察( )。

  A. 最末水平   B. 最初水平

  C. 各期发展水平的总和   D. 各期环比发展速度的总和

14. 某企业近三年来,商品销售额每年增加160万元,则该企业每年商品销售额的增长速度( )。

  A. 不变   B. 逐年降低

  C. 逐年提高   D. 无法判断

15. 某企业2016年产值为8500万元,经过努力,2019年产值为9800万元,则每年平均增长速度为( )。

  A. 15.29%   B. 7.25%

  C. 4.86%   D. 3.15%

16. 采用几何平均法计算平均发展速度,其数值大小( )。

  A. 不受最初水平和最末水平的影响

  B. 只受中间水平的影响

  C. 只受最初水平和最末水平的影响

  D. 既受最初水平和最末水平的影响,也受中间水平的影响

17. 时间数列中的发展水平( )。

  A. 只能是绝对数   B. 只能是相对数

  C. 只能是平均数   D. 以上指标均可以

18. 已知某现象的最初水平和期末水平,计算平均发展速度应采用（　　）公式。

  A. $\bar{x}=\sqrt[n]{x_1 x_2 \cdots x_n}$ B. $\bar{x}=\sqrt[n]{R}$

  C. $\bar{x}=\sqrt[n]{\dfrac{a_n}{a_0}}$ D. $\bar{x}=\sqrt[n]{\dfrac{a_n}{a_0}}-1$

19. 某企业销售额(单位:万元)近 12 年的时间数列,配合的直线方程为 $y_t=900+112t$,这意味着该企业销售额每年平均增加（　　）。

  A. 112%   B. 112 万元

  C. 900 万元   D. 1012 万元

20. 若各年环比增长速度保持不变,则各年增长量（　　）。

  A. 逐年增加   B. 逐年减少

  C. 保持不变   D. 无法做结论

二、多项选择题

1. 某企业某种产品原材料月末库存资料如下,则该时间数列（　　）。

月　份	1	2	3	4	5
原材料库存量(吨)	8	10	13	11	9

  A. 各项指标数值是连续统计的结果
  B. 各项指标数值是不连续统计的结果
  C. 各项指标数值反映的是现象在一段时期内发展的总量
  D. 各项指标数值反映的是现象在某一时点上的总量
  E. 各项指标数值可以相加得到 5 个月原材料库存总量

2. 计算平均发展速度的方法有（　　）。

  A. 算数平均法   B. 几何平均法
  C. 方程式法   D. 调和平均法
  E. 加权平均法

3. 计算平均发展速度可采用的公式有（　　）。

  A. $\bar{x}=\sqrt[n]{\dfrac{a_n}{a_0}}$ B. $\bar{x}=\sqrt[n]{\pi x}$

  C. $\bar{x}=\dfrac{\sum x}{n}$ D. $\bar{x}=\sqrt[n]{R}$

E. $\bar{x} = \dfrac{x_1 x_2 \cdots x_n}{n}$

4. 以下现象所组成的时间数列属于时点数列的有（　　）。
   A. 某公司历年利润 B. 某储蓄所各月末存款余额
   C. 某矿务局各季末钢材库存量 D. 某高校历年在校学生人数
   E. 某高校历年招收学生人数

5. 时间数列中，各项指标数值不能直接相加的有（　　）。
   A. 绝对数时间数列 B. 时期数列
   C. 时点数列 D. 平均数时间数列
   E. 相对数时间数列

6. 计算平均发展水平可采用的公式有（　　）。
   A. $\dfrac{\sum a}{n}$ B. $\dfrac{\frac{1}{2}a_1 + a_2 + a_3 + \cdots + \frac{1}{2}a_n}{n-1}$
   C. $\dfrac{\frac{a_1+a_2}{2}f_1 + \frac{a_2+a_3}{2}f_2 + \cdots + \frac{a_{n-1}+a_n}{2}f_{n-1}}{\sum f_i}$
   D. $\bar{c} = \dfrac{\bar{a}}{\bar{b}}$ E. $\sqrt[n]{\dfrac{a_n}{a_0}}$

7. 分析时间数列的水平指标有（　　）。
   A. 发展水平 B. 发展速度
   C. 增长量 D. 平均发展水平
   E. 平均增长量

8. 环比增长速度的计算方法有（　　）。
   A. 环比发展速度减 1(或 100%)
   B. 报告期逐期增长量与前一期水平之比
   C. 定基增长速度减 1(或 100%)
   D. 平均发展速度减 1(或 100%)
   E. 报告期水平与前一期水平之比减 1(或 100%)

9. 在直线趋势方程 $Y_t = a + bt$ 中，Y 代表直线趋势值，其余各个符号的意义是（　　）。
   A. a 代表趋势直线的起点值
   B. a 值等于原时间数列的最末水平

C. b 为趋势直线的斜率

D. b 是每增加一个单位时间,现象平均增加的值

E. t 代表时间变量

10. 增长 1% 的绝对值是(   )。

    A. 前一期发展水平除以 100

    B. 本期发展水平除以 100

    C. 逐期增长量与环比增长速度之比

    D. 逐期增长量与定基增长速度之比

    E. 环比发展速度减 1(或 100%)

11. 用几何平均法计算平均发展速度侧重考察(   )。

    A. 现象各期发展水平的最初水平

    B. 现象在发展阶段中各期的发展水平

    C. 现象各期的环比发展速度

    D. 现象各期发展水平的累计水平

    E. 现象各期发展水平的最末水平

12. 平均增长速度的计算(   )。

    A. 不能根据各个环比增长速度的连乘积而直接求得

    B. 等于环比增长速度减 1(或 100%)

    C. 等于平均发展速度减 1(或 100%)

    D. 等于各期增长速度的平均数

    E. 能根据各个环比发展速度的几何平均数减 1 求得

13. 测定长期趋势的修匀法包括(   )。

    A. 线性趋势模型法   B. 数学模型法

    C. 时距扩大法   D. 移动平均法

    E. 曲线趋势模型法

14. 在进行时间数列因素分解时,一般把时间数列的构成因素按性质和作用分为(   )。

    A. 长期趋势   B. 季节变动

    C. 循环波动   D. 不规则变动

    E. 时间

15. 定基发展速度和环比发展速度的关系是(   )。

    A. 两者都属于速度指标

    B. 环比发展速度的连乘积等于定基发展速度

C. 定基发展速度的连乘积等于环比发展速度

D. 相邻两个定基发展速度之商等于相应的环比发展速度

E. 相邻两个环比发展速度之商等于相应的定基发展速度

三、简答题

1. 什么是时间数列？编制时间数列的目的是什么？
2. 间断时点数列如何计算序时平均数？
3. 什么是时期数列和时点数列？二者相比较有什么特点？
4. 什么是序时平均数？序时平均数与一般平均数有何异同？
5. 应用速度指标时应注意哪些问题？
6. 几何平均法（水平法）和方程式法（累计法）计算平均发展速度的基本思想有何不同？
7. 什么是逐期增长量和累计增长量？它们之间的关系如何？
8. 什么是环比发展速度和定基发展速度？它们之间的关系如何？
9. 研究长期趋势的意义是什么？测定长期趋势的方法有哪些？
10. 如何对季节变动进行测定？

四、计算题

1. 某企业 2018 年 6 月下旬某原材料库存量的资料如下：

日 期	21～22 日	23～24 日	25 日	26～28 日	29～30 日
原材料库存量（千克）	520	480	550	500	490
时间间隔（天）	2	2	1	3	2

计算该企业 6 月下旬此原材料的日平均库存量。

2. 某企业 2018 年月末固定资产总值（单位：万元）的资料如下：

月 份	1	2	3	4	5	6	10	12
月末固定资产总值	8940	9000	10620	9330	8400	8700	9900	11040

另外，已知该企业 2017 年年末固定资产总值为 9600 万元。

根据上述资料，分别计算该企业上半年、下半年平均固定资产总值及全年平均固定资产总值。

3. 某工业企业 2018 年第二季度各月工业销售产值、工业总产值、工业产品销售率的资料如下：

月　份	4	5	6
工业销售产值（万元）	741	792	784
工业总产值（万元）	780	825	800
工业产品销售率（%）	95	96	98

计算该企业 2018 年第二季度月平均工业产品销售率。

4. 某企业 2018 年有关月份的月增加值及月初职工人数资料如下：

月　份	7	8	9	10
增加值（万元）	750	830	800	900
月初职工人数（人）	870	910	900	920

计算：
(1) 该企业 2018 年第三季度月平均劳动生产率。
(2) 该企业 2018 年第三季度劳动生产率。

5. 某种股票 2019 年各统计时点的收盘资料如下：

统计时点	1月1日	3月1日	7月1日	10月1日	12月31日
收盘价（元）	8.5	9.4	7.6	7.1	6.4

计算该股票 2019 年的平均价格。

6. 我国 2011～2018 年社会融资规模资料如下：

年　份	2011	2012	2013	2014	2015	2016	2017	2018
社会融资规模（亿元）	128286	157631	173169	158761	154063	178159	194445	192584

计算：
(1) 逐期增长量与累计增长量。
(2) 环比发展速度定基发展速度。
(3) 环比增长速度定基增长速度。
(4) 增长 1% 的绝对值。
(5) 2012～2018 年我国社会融资规模的年平均增长速度。

7. 某地区 2012~2018 年财政收入资料如下：

年 份	2012	2013	2014	2015	2016	2017	2018
财政收入(亿元)	8651	9876	11444	13395	16386	18904	21715

计算：

(1) 用水平法计算该地区 2013~2018 年财政收入的平均年增长量。

(2) 用累计法计算该地区 2013~2018 年财政收入的平均年增长量。

8. 某工厂的工业总产值 2015 年比 2014 年增长 7%，2016 年比 2015 年增长 10.5%，2017 年比 2016 年增长 7.8%，2018 年比 2017 年增长 14.6%；要求以 2014 年为基期计算 2015~2018 年该厂工业总产值增长速度和平均增长速度。

9. 我国 1999~2018 年农村居民消费资料如下：

年份	农村居民消费(亿元)	年份	农村居民消费(亿元)
1999	14810.6	2009	30666.2
2000	15611.8	2010	33610.3
2001	16297.5	2011	41075.3
2002	17016.7	2012	45222.8
2003	17775	2013	49432.1
2004	19232.6	2014	54366.1
2005	20912	2015	59143.3
2006	22639.6	2016	64332
2007	25588.5	2017	68178.3
2008	28840.7	2018	74494.2

资料来源：国家统计局—国家数据—年度数据

试分别用时距扩大法、移动平均法测定其长期趋势(时距长度为 3 年)。

10. 现有某企业 2013~2018 年的销售量依次为 53、72、96、129、171、232(万件)，试选择合适的预测模型，预测 2019 年该企业的销售量。

11. 某地区 2015~2019 年粮食产量资料如下：

年 份	2015	2016	2017	2018	2019
粮食产量(万吨)	220	232	240	256	280

计算：

(1) 试运用最小平方法配合直线方程。

(2) 预测2021年该地区粮食产量。

12. 某商场2014~2018年各季度内衣销售量(单位:万元)资料如下：

季度	年份				
	2014	2015	2016	2017	2018
一	870	915	990	1050	1275
二	285	300	330	345	480
三	345	375	390	435	465
四	930	1005	1065	1095	1170

试测定内衣销售量的季节变动(不考虑长期趋势的影响)。

习题参考答案

一、单项选择题

1. C 2. C 3. D 4. D 5. A 6. C 7. B 8. A 9. C 10. C 11. D 12. B 13. C 14. B 15. C 16. C 17. D 18. C 19. B 20. A

二、多项选择题

1. BD 2. BC 3. ABD 4. BCD 5. CDE 6. ABCDE 7. ACDE 8. ABE 9. CDE 10. AC 11. ACE 12. ACE 13. BCD 14. ABCD 15. ABD

三、简答题

1. 时间数列是指某社会经济现象在不同时间上的一系列统计指标值按时间先后顺序加以排列后形成的数列，又称动态数列。时间数列及其分析具有以下目的：① 可以反映现象在不同时间上量的发展变化过程和结果；② 可以研究现象在不同时间上量变的方向、水平、速度和趋势;③ 通过对时间数列的分析,可以进一步认识发展变化规律,并对其进行预测;④ 通过对比相关联的时间数列,可以发现同一空间不同现象之间或不同空间同一现象之间在发展变化过程中的相互关系。

2. 根据间断时点数列计算序时平均数也有两种情形:① 对于间隔相等的间断时点数列,首先假定所研究的现象在相邻两个时点之间是均匀变化的,可将相邻两个时点值相加后除以 2,求出两个时点之间的平均值,该平均值与两个时点之间的时间段相对应,从而形成一个新的时期数列。其次对上面求出的各平均值采用简单算术平均法计算其序时平均数;② 对于间隔不等的间断时点数列,首先应将相邻两个时点值相加后除以 2,得出一系列时点间的平均值。然后以间隔时间长度 f_i 为权数,对这些平均值进行加权算术平均求得其序时平均数。

3. 时期数列是指由反映现象在一段时期内发展过程总量的时期指标构成的动态数列。时点数列是指由反映现象在某一瞬间总量的时点指标构成的动态数列。二者相比有以下特点:① 时期数列的各指标值具有连续统计的特点,而时点数列的各指标值不具有连续统计的特点;② 时期数列的各指标值具有可加性的特点,而时点数列的各指标值不能相加;③ 时期数列各指标值的大小与所包括的时期长短有直接关系,而时点数列各指标值的大小与时间间隔长短无直接关系。

4. 序时平均数是将时间数列中各期发展水平加以平均而求得的平均数。

联系:两者都是将现象个别数值差异抽象化,用以概括说明现象的一般水平。

区别:① 两者平均的对象不同。平均发展水平平均的是研究对象在不同时期上的数量表现,从动态上说明其在某一时期发展的一般水平;而一般平均数是将总体各单位某一数量标志在同一时间的数量差异抽象化,用以反映总体在具体历史条件下的一般水平;② 两者计算的依据不同。平均发展水平是根据动态数列计算的,而一般平均数是根据变量数列计算的。

5. 应用速度指标时应注意以下问题:① 定基增长速度不等于相应时期各环比增长速度的连乘积;② 相邻两个时期的定基增长速度之比不等于相应时期的环比增长速度;③ 速度指标数值的大小与基期水平的高低密切相关。通常基期水平越高,发展速度增长 1% 所对应的绝对值就越大。所以往往将增长 1% 的绝对值与速度指标结合起来进行统计分析,增长 1% 的绝对值的计算式为

$$\text{增长 1\% 的绝对值} = \frac{\text{逐期增长量}}{\text{环比增长速度}} = \frac{a_i - a_{i-1}}{\frac{a_i - a_{i-1}}{a_{i-1}} \times 100} = \frac{a_{i-1}}{100}$$

6. 几何平均法(水平法)计算平均发展速度的公式为

$$\bar{x} = \sqrt[n-1]{\frac{a_n}{a_1}}$$

其基本思想为:它是从时间数列的最初水平出发,按平均发展速度一直发展到最末一期,其最末发展水平的理论值与实际值相符合,因此,它只与最初水平和最末发展水平有关,没有充分利用中间信息。

方程式法(累计法)计算平均发展速度的公式为

$$\bar{x}^{n-1} + \bar{x}^{n-2} + \cdots + \bar{x} = \frac{\sum_{i=2}^{n} a_i}{a_1}$$

其基本思想为:它是从时间数列的最初水平和平均发展速度出发,推算出各期发展水平的理论值,这些理论值的累计和与实际发展水平的累计和相等,它充分利用了时间数列资料的信息。

7. 逐期增长量是报告期水平减去前一期水平的差额;累计增长量是报告期水平减去某一固定时期水平的差额。两者的关系为:各个逐期增长量之和等于相应的累计增长量;两个相临时期累计增长量之差等于相应时期的逐期增长量。

8. 环比发展速度是指报告期水平与前一期水平之比;定基发展速度是报告期水平与某一固定基期水平之比。两者的关系为:定基发展速度等于相应的各个环比发展速度的连乘积;两个相邻的定基发展速度之商等于相应的环比发展速度。

9. 社会经济现象由于受客观条件、技术等因素的影响,发展速度会呈现出不均衡性。这就要观察社会经济现象总体在一个相当长的时期内发展、变化的方向、趋势及其变动的规律性。同时,有些因素长期起作用,有些因素只是短期或偶然起作用,排除短期或偶然因素的影响就可以研究现象变动的总趋势。因此,研究长期趋势具有重要意义。测定现象长期趋势的主要方法有时距扩大法、移动平均法和最小二乘法。

10. 当时间数列的长期趋势不存在或不明显时,可采用同期平均法。利用同期(月,季)平均法测定季节变动的一般步骤如下:首先,计算各年同月(季)平均数。其次,计算总的月(季)平均数。最后,用同期平均数除以总平均数,得到季节比率。当时间数列存在长期趋势时,可采用移动平均趋势剔除法。就是用移动平均值作为长期趋势值,从时间数列中剔除长期趋势值,然后再计算季节比率。

四、计算题

1. 该企业 6 月下旬此原材料的日平均库存量为

$$\bar{a} = \frac{520 \times 2 + 480 \times 2 + 550 \times 1 + 500 \times 3 + 490 \times 2}{10} = \frac{5030}{10} = 503(千克/天)$$

2. 因为数据获得的资料是间隔相等的间断时点数列,故采用加权平均法。

(1) 因为上半年月末固定资产总值数据获得的资料是间隔相等的不连续时点数列,故采取首末折半法公式计算,所以上半年平均固定资产总值为

$$\bar{a} = \frac{\dfrac{a_1}{2} + a_2 + a_3 + \cdots + a_{n-1} + \dfrac{a_n}{2}}{n-1}$$

$$= \frac{\dfrac{9600}{2} + 8940 + 9000 + 10620 + 9330 + 8400 + \dfrac{8700}{2}}{6}$$

$$= 9240(万元)$$

(2) 因为下半年月末固定资产总值数据获得的资料是间隔不相等的间断时点数列,所以下半年平均固定资产总值为

$$\bar{a} = \frac{\dfrac{a_1 + a_2}{2} f_1 + \dfrac{a_2 + a_3}{2} f_2 + \dfrac{a_3 + a_4}{2} f_3 + \cdots + \dfrac{a_{n-1} + a_n}{2} f_{n-1}}{\sum_{i=1}^{n-1} f_i}$$

$$= \frac{\dfrac{8700 + 9900}{2} \times 4 + \dfrac{9900 + 11040}{2} \times 2}{4 + 2} = 9690(万元)$$

(3) 全年平均固定资产总值 $= \dfrac{9240 + 9690}{2} = 9465(万元)$。

3. 该企业 2018 年第二季度月平均工业产品销售率为

$$\bar{c} = \frac{\sum a_i}{\sum b_i} = \frac{741 + 792 + 784}{780 + 825 + 800} = \frac{2317}{2405} = 96.34\%$$

4. (1) 该企业 2018 年第三季度月平均劳动生产率为

$$\bar{c} = \frac{\bar{a}}{\bar{b}} = \frac{(750 + 830 + 800) \div 3}{\left(\dfrac{870}{2} + 910 + 900 + \dfrac{920}{2}\right) \div 3}$$

$$= \frac{2380 \div 3}{2705 \div 3} = 0.8799(万元/人)$$

(2) 该企业 2018 年第三季度劳动生产率为

$$\bar{c} = \frac{第三季度增加值}{第三季度平均职工人数} = \frac{750 + 830 + 800}{\left(\dfrac{870}{2} + 910 + 900 + \dfrac{920}{2}\right) \div 3}$$

$$= \frac{2380}{902} = 2.6386(万元/人)$$

5. 因各月初该股票收盘价格获得的资料是间隔不相等的不连续时点数列，则该股票 2019 年的平均价格为

$$\bar{a} = \frac{\frac{a_1+a_2}{2}f_1 + \frac{a_2+a_3}{2}f_2 + \cdots + \frac{a_{n-1}+a_n}{2}f_{n-1}}{\sum f_i}$$

$$= \frac{\frac{8.5+9.4}{2} \times 2 + \frac{9.4+7.6}{2} \times 4 + \frac{7.6+7.1}{2} \times 3 + \frac{7.1+6.4}{2} \times 3}{12}$$

$$= 7.85(元)$$

6. (1)~(4) 逐期增长量与累计增长量、环比发展速度定基发展速度、环比增长速度定基增长速度、增长1%的绝对值如下：

年 份	2011	2012	2013	2014	2015	2016	2017	2018
社会融资规模(亿元)	128286	157631	173169	158761	154063	178159	194445	192584
逐期增长量(亿元)	—	29345	15538	−14408	−4698	24096	16286	−1861
累计增长量(亿元)	—	29345	44883	30475	25777	49873	66159	64298
环比发展速度(%)	—	122.87	109.86	91.68	97.04	115.64	109.14	99.04
定基发展速度(%)	—	122.87	134.99	123.76	120.09	138.88	151.57	150.12
环比增长速度(%)	—	22.87	9.86	−8.32	−2.96	15.64	9.14	−0.96
定基增长速度(%)	—	22.87	34.99	23.76	20.09	38.88	51.57	50.12
增长1%的绝对值(亿元)	—	1282.86	1576.31	1731.69	1587.61	1540.63	1781.59	1944.45

(5) 2012~2018 年我国社会融资规模的年平均增长速度为

$$\bar{x} = \sqrt[n]{R} - 1 = \sqrt[7]{1.5012} - 1 = 1.0598 - 1 = 0.0598 \text{ 或 } 5.98\%$$

7. 首先计算各年的增长量。

年 份	2012	2013	2014	2015	2016	2017	2018
财政收入(亿元)	8651	9876	11444	13395	16386	18904	21715
逐期增长量(亿元)	—	1225	1568	1951	2991	2518	2811
累计增长量(亿元)	—	1225	2793	4744	7735	10253	13064

该地区 2013~2018 年财政收入的平均年增长量为

(1) 水平法计算：

$$\bar{z} = \frac{1225+1568+1951+2991+2518+2811}{6}$$

$$= \frac{13064}{6} = 2177.33(亿元)$$

(2) 累计法计算：

$$\bar{z} = \frac{9876+11444+13395+16386+18904+21715-6\times 8651}{\frac{7\times 6}{2}}$$

$$= \frac{39814}{21} = 1895.9(亿元)$$

8. (1) 2015～2018 年的工业总产值增长速度为

$$(107\% \times 110.5\% \times 107.8\% \times 114.6\%) - 100\% = 46.07\%$$

(2) 2015～2018 年平均增长速度为

$$\bar{x} = \sqrt[n]{R} - 1 = \sqrt[4]{1.4607} - 1 = 1.099 - 1 = 0.099 \text{ 或 } 9.9\%$$

9. 时距扩大法、移动平均法的计算结果如下：

年份	农村居民消费（亿元）	时距扩大法	移动平均法
1999	14810.6		
2000	15611.8	46719.9	15573.3
2001	16297.5		16308.7
2002	17016.7		17029.7
2003	17775.0	54024.3	18008.1
2004	19232.6		19306.5
2005	20912.0		20928.1
2006	22639.6	69140.1	23046.7
2007	25588.5		25689.6
2008	28840.7		28365.1
2009	30666.2	93117.2	31039.1
2010	33610.3		35117.3
2011	41075.3		39969.5
2012	45222.8	135730.2	45243.4

续表

年份	农村居民消费(亿元)	时距扩大法	移动平均法
2013	49432.1		49673.7
2014	54366.1		54313.8
2015	59143.3	177841.4	59280.5
2016	64332.0		63884.5
2017	68178.3		69001.5
2018	74494.2		

10. 由于这个时间序列的环比发展速度分别为 $\frac{y_2}{y_1}=\frac{72}{53}=1.358, \frac{y_3}{y_2}=\frac{96}{72}=1.333, \frac{y_4}{y_3}=\frac{129}{96}=1.344, \frac{y_5}{y_4}=\frac{171}{129}=1.326, \frac{y_6}{y_5}=\frac{232}{171}=1.357$。即各年产量几乎按同一比例增长，所以，可以考虑拟合指数曲线：$y=ae^{bt}$。

首先，将上式转换为直线方程，取对数 $\ln y=\ln a+bt$，令 $y'=\ln y, a'=\ln a$，然后利用最小平方方法求解参数。具体计算如下：

年　份	序号 t	t^2	y	$y'=\ln y$	ty'
2013	1	1	53	3.97	3.97
2014	2	4	72	4.23	8.55
2015	3	9	96	4.56	13.69
2016	4	16	129	4.86	19.44
2017	5	25	171	5.14	25.71
2018	6	36	232	5.45	32.68
合　计	21	91	—	28.21	104.04

根据上面的结果，有

$$b=\frac{n\sum ty'-\sum t\sum y'}{n\sum t^2-\left(\sum t\right)^2}=0.303$$

$$a'=\bar{y}'-b\bar{t}=3.641$$

$$a=e^{a'}=38.13$$

因此，得到产量的长期趋势模型为 $y=38.13e^{0.303t}$。将 $t=7$ 代入方程即得

2019年销售量的预测值,即
$$y_{2019} = 38.13 \times e^{0.303 \times 7} = 290.33(万件)$$

11. 计算过程所需数据如下:

年 份	2015	2016	2017	2018	2019	合计
t	1	2	3	4	5	15
粮食产量 y(万吨)	220	232	240	256	280	1228
t^2	1	4	9	16	25	55
ty	220	464	720	1024	1400	3828

(1) 设直线趋势方程为 $y_t = a + bt$,则
$$b = \frac{n\sum ty - \sum t \sum y}{n\sum t^2 - (\sum t)^2} = \frac{5 \times 3828 - 15 \times 1228}{5 \times 55 - 15^2} = 14.4$$

$$a = \bar{y} - b\bar{t} = \frac{1228}{5} - 14.4 \times \frac{15}{5} = 202.4$$

故直线趋势方程为
$$y_t = 202.4 + 14.4t$$

(2) 2021年该地区粮食产量为
$$y_{2021} = 202.4 + 14.4 \times 7 = 303.2(万吨)$$

12. 计算结果如下:

季度	2014	2015	2016	2017	2018	合计	季平均	季节比率(%)
一	870	915	990	1050	1275	5100	1020	144.53
二	285	300	330	345	480	1740	348	49.31
三	345	375	390	435	465	2010	402	56.96
四	930	1005	1065	1095	1170	5265	1053	149.20
合计	2430	2595	2775	2925	3390	14115	705.75	400.00

从上述计算结果可知,第一季度和第四季度是旺季,第二季度和第三季度是淡季。

第六章 统计指数

学习辅导

一、本章学习目的与要求

(1) 理解统计指数的概念和作用。
(2) 重点掌握综合指数与平均指数的编制方法。
(3) 理解加权平均指数与综合指数的关系。
(4) 理解指数体系的含义,掌握总量指标变动的两因素分析。
(5) 了解平均指标变动的因素分析。
(6) 了解总量指标变动的多因素分析。

二、本章内容提要

(一) 统计指数的概念和性质

统计指数这一概念有广义和狭义之分。从广义上说,凡是用来反映同类现象在不同空间、不同时间、实际与计划对比变动的相对数等都称为指数。狭义的指数,则是指用来反映由不能直接加总的多要素所构成的复杂社会经济现象综合变动程度的特殊相对数。狭义指数是指数分析的主要方面。

统计指数具有以下性质:

(1) 相对性。指数是总体各现象在不同场合下对比形成的相对数。它可以度量一个现象在不同时间或空间的相对变化。

(2) 综合性。指数是反映一组现象在不同场合下的综合变动水平,这也是指数理论和方法的核心问题。综合性说明指数是一种特殊的相对数,它是由一组事物综合对比形成的。

(3) 平均性。统计总指数其本质就是个体现象变动的平均数。同时统计总指数又是现象总体变动水平的一个代表性量。

（二）统计指数的作用

在实际应用中,统计指数有着众多的作用,主要表现在以下四个方面：

（1）综合反映社会经济现象总体变动方向及幅度。编制统计指数的根本目的就在于将这些多种不同使用价值的产品或商品过渡到可以综合比较,从而以相对数的形式,计算出诸如工业产品产量、商品零售价格等的总指数,以反映它们的总变动状况。

（2）分析现象总体变动中受各个因素变动的影响。运用指数法可以分析和测定复杂社会经济现象中各构成因素的变动对现象总变动的影响,这种影响可以从相对数和绝对数两方面分析。包括现象总体总量指标和平均指标的变动受各个因素变动的影响程度分析。

（3）利用连续编制的指数数列,对复杂现象总体长时间发展变化趋势进行分析。

（4）利用指数对经济现象进行综合评价。如可以利用指数对一个地区或单位的经济效益进行评价。

（三）综合指数的编制

1. 综合指数的概念及特点

综合指数是编制总指数的基本形式。它是由两个总量指标对比形成的指数。凡是一个总量指标可以分解为两个或两个以上的因素指标时,将其中一个或一个以上的因素指标固定下来,仅观察其中一个因素指标的变动程度,这样的总指数就叫综合指数。

可见,综合指数的编制方法是"先综合后对比"。即首先解决不同度量单位的问题,使不能直接相加的现象变得可以相加,然后再进行对比分析。

综合指数的编制方法有两个特点：

（1）确定与指数化指标相联系的同度量因素。目的是使不同度量单位的现象改变为可以加总的总体,需要将各种商品由使用价值形态还原为价值形态。同度量因素起着两个作用：一是起着"同度量"的作用；二是起着权数的作用。

（2）同度量因素的时期要加以固定。对复杂现象总体所包括的两个因素,把其中一个因素——同度量因素的时期加以固定,以便消除其变化来测定所要研究的那个因素,即指数化指标的变动。

一般地,编制数量指标综合指数时,指数化指标是数量指标,以基期的质量指标作为同度量因素；编制质量指标综合指数时，指数化指标是质量指标，以计算期的数量指标作为同度量因素。

2. 综合指数的编制方法

综合指数包括数量指标指数和质量指标指数。

以 q 表示数量指标，p 表示质量指标，下标 0 表示基期，下标 1 表示报告期，$\overline{K}_q$、$\overline{K}_p$ 分别代表数量指标（如销售量、产量等）总指数和质量指标（如价格、单位成本等）总指数。

（1）数量指标总指数：

$$\overline{K}_q = \frac{\sum q_1 p_0}{\sum q_0 p_0}$$

此式的计算结果说明多种商品总体数量指标综合变动的方向和程度。

$$分子与分母之差 = \sum q_1 p_0 - \sum q_0 p_0$$

此差额说明由于数量指标的变动，对价值量指标影响的绝对额。

（2）质量指标总指数：

$$\overline{K}_p = \frac{\sum q_1 p_1}{\sum q_1 p_0}$$

此式的计算结果说明多种商品总体质量指标综合变动的方向和程度。

$$分子与分母之差 = \sum q_1 p_1 - \sum q_1 p_0$$

此差额说明由于质量指标的变动，对价值量指标影响的绝对额。

（四）平均数指数的编制

1. 平均数指数的概念

平均数指数是总指数的另一种计算形式。它可以是综合指数的变形，也可以是独立意义的平均指数。在得不到全面资料的情况下必须运用平均指数。

编制平均数指数应遵循"先对比后平均"的原则，先通过对比计算个别产品或商品的数量指标或质量指标的个体指数，然后将个体指数进行加权平均求得总指数。

2. 平均数指数的编制方法

平均数指数的基本形式有加权算术平均数指数、加权调和平均数指数两种。

1）加权算术平均数指数

加权算术平均数指数是以基期价值量 $q_0 p_0$ 为权数对个体数量指标指数进行

加权算术平均。据此计算的加权平均数指数等于数量指标综合指数。

$$\overline{K}_q = \frac{\sum k_q q_0 p_0}{\sum q_0 p_0}$$

式中,k_q 表示数量指标的个体指数,$q_0 p_0$ 表示基期的某个价值量指标。

也就是说,要编制加权算术平均数指数,一要掌握数量指标个体指数,二要掌握基期价值量指标。

2) 加权调和平均数指数

加权调和平均数指数是以报告期价值量 $q_1 p_1$ 为权数对个体质量指标指数进行加权调和平均。据此计算的加权平均数指数等于质量指标综合指数。

$$\overline{K}_p = \frac{\sum q_1 p_1}{\sum \frac{1}{k_p} q_1 p_1}$$

式中,k_p 表示质量指标的个体指数,$q_1 p_1$ 表示报告期的某个价值量指标。

也就是说,要编制加权调和平均数指数,一要掌握质量指标个体指数,二要掌握报告期价值量指标。

【例 6.1】 某企业三种商品的销售资料,进一步计算有关数据如下:

商品名称	计量单位	销售量指数(%) K_q	价格指数(%) K_p	销售额(元) 基期 $q_0 p_0$	销售额(元) 报告期 $q_1 p_1$	$K_q p_0 q_0$	$\dfrac{p_1 q_1}{K_p}$
(甲)	(乙)	(1)	(2)	(3)	(4)	(5)=(1)×(3)	(6)=(4)÷(2)
甲	台	150.00	140.00	80000	168000	120000	120000
乙	米	62.50	120.00	8000	6000	5000	5000
丙	千克	120.00	87.50	16000	16800	19200	19200
合计	—	—	—	104000	190800	144200	144200

我们以 q 表示销售量,p 表示价格,下标 0 表示基期,下标 1 表示报告期。

以基期销售额加权的算术平均数公式编制销售量总指数,即有

$$\overline{K}_q = \frac{\sum K_q q_0 p_0}{\sum q_0 p_0} = \frac{144200}{104000} = 138.65\%$$

根据算术平均数的应用条件,只有在已知分母资料,而未知分子资料的情况下,才适用算术平均数公式。因此,只有在权数为 $p_0 q_0$ 的情况下,加权算术平均

数指数才可以看成是综合指数的一种变形。一般地,这种形式用于编制数量指标指数。

以报告期销售额加权的调和平均数公式计算价格总指数,即有

$$\overline{K}_p = \frac{\sum p_1 q_1}{\sum \frac{1}{K_p} p_1 q_1} = \frac{190800}{144200} = 132.32\%$$

根据调和平均数的应用条件,只有在已知分子资料,而未知分母资料的情况下,才适用调和平均数公式。因此,只有在权数为 $p_1 q_1$ 的情况下,加权调和平均数指数才可以看成是综合指数的一种变形。一般地,这种形式多用于编制质量指标指数。

3. 平均数指数与综合指数的联系与区别

两者的联系表现在:平均数指数可以看作综合指数的变形,这是在特定条件下形成的。

两者的区别表现在:

(1) 计算程序不同。平均数指数不像综合指数那样,先综合后对比,而是先对比计算出个体指数,然后再综合平均。

(2) 需要掌握的资料及应用范围不同。综合指数要根据全面资料编制,而平均数指数既可以用全面资料编制,也可以用非全面资料编制。

(3) 权数确定的依据不同。综合指数一般要用实际资料作为同度量因素(权数),而平均数指数不仅可以用实际资料作为权数,也可以用固定权数加权计算。

(五) 因素分析

1. 因素分析的含义

因素分析是指从数量方面研究现象动态变动中受各种因素变动的影响程度。因素分析主要借助指数体系来分析社会经济现象变动中各种因素变动发生作用的影响程度。在指数体系中,某个总量指标(称结果指标)是两个原因指标的乘积的条件下,通过建立相应的指数体系从绝对数和相对数两个方面对总量指标的变化进行因素分析。

在指数体系中,指数之间的数量对等关系表现在两个方面:一是结果指数等于因素指数的乘积;二是结果指数的分子与分母之差等于各因素指数分子与分母之差的和。

因素分析主要分析以下两个问题:

(1) 利用综合指数体系分析社会经济现象总体总量指标的变动受各种因素

变动的影响程度。

(2) 利用综合指数编制的方法原理,通过平均指标指数体系,分析社会经济现象总体平均指标变动受各种因素变动的影响程度。例如,总平均工资的变动受不同技术级别工人平均工资和不同技术级别工人结构变动的影响程度。

因素分析只能在具有乘积关系的指数体系中进行。因素分析的内容包括相对数分析和绝对数分析。相对数分析是指数体系间乘积关系的分析,指数分析一般就是指这种分析;绝对数分析是指指数体系中分子与分母差额关系的分析。

2. 总量指标变动的因素分析

我们就复杂现象进行两因素分析来说明。

相对数关系:

$$\frac{\sum q_1 p_1}{\sum q_0 p_0} = \frac{\sum q_1 p_0}{\sum q_0 p_0} \times \frac{\sum q_1 p_1}{\sum q_1 p_0}$$

绝对值关系:

$$\sum q_1 p_1 - \sum q_0 p_0 = \left(\sum q_1 p_0 - \sum q_0 p_0\right) \times \left(\sum q_1 p_1 - \sum q_1 p_0\right)$$

【例 6.2】 某公司生产的三种产品的有关资料如下:

产品名称	计量单位	产量		价格(万元)	
		基期	报告期	基期	报告期
甲	件	1200	1440	12	9.6
乙	台	6000	6000	4.8	5.4
丙	千克	1800	2400	9.6	8.4

要求:

(1) 计算三种产品的价格总指数,以及由于单位产品价格变动而使总产值变动的绝对额。

(2) 计算三种产品的产量总指数,以及由于产量变动而使总产值变动的绝对额。

(3) 分析总产值变动受各因素的影响程度和绝对额。

解 计算有关数据如下:

产品名称	计量单位	产量		价格(万元)		产值(万元)		
		q_0	q_1	p_0	p_1	$q_0 p_0$	$q_1 p_0$	$q_1 p_1$
甲	件	1200	1440	12	9.6	14400	17280	13824
乙	台	6000	6000	4.8	5.4	28800	28800	32400
丙	千克	1800	2400	9.6	8.4	17280	23040	20160
合计	—	—	—	—	—	60480	69120	66384

(1) 价格总指数：

$$\overline{K}_p = \frac{\sum q_1 p_1}{\sum q_1 p_0} = \frac{66384}{69120} = 96.04\%$$

由于单位产品价格变动而使总产值变动的绝对额：

$$\sum q_1 p_1 - \sum q_1 p_0 = 66384 - 69120 = -2736(万元)$$

(2) 产量总指数：

$$\overline{K}_q = \frac{\sum q_1 p_0}{\sum q_0 p_0} = \frac{69120}{60480} = 114.29\%$$

由于产量变动而使总产值变动的绝对额：

$$\sum q_1 p_0 - \sum q_0 p_0 = 69120 - 60480 = 8640(万元)$$

(3) 总产值指数：

$$\overline{K}_{pq} = \frac{\sum q_1 p_1}{\sum q_0 p_0} = \frac{66384}{60480} = 109.76\%$$

$$\sum q_1 p_1 - \sum q_0 p_0 = 66384 - 60480 = 5904(万元)$$

指数体系：

$$109.76\% = 96.04\% \times 114.29\%$$
$$5904 = -2736 + 8640(万元)$$

分析结果表明：报告期总产值比基期增加了 9.76%，增加的绝对额为 5904 万元。这是由各种产品的单位产品价格平均降低了 3.96%，使总产值减少了 2736 万元；产品产量平均增长了 14.29%，使报告期的总产值比基期增加了 8640 万元两个因素共同作用的结果。

3. 平均指标变动的因素分析

在总体分组的条件下，总平均水平的高低受两个因素影响：一是各组的变量水平;二是总体内部结构状况,通常表现为各组单位数占总体单位数的比重。因此,平均指标的变动往往取决于各组平均水平变动的影响和各组的单位数占总体单位数比重变动的影响。

为了反映它们的影响,平均指标变动的因素分析需要编制三个指数。它们是可变构成指数、固定构成指数和结构变动影响指数。由此组成指数体系:

$$可变构成指数 = 固定构成指数 \times 结构变动影响指数$$

相对数关系:

$$\frac{\frac{\sum x_1 f_1}{\sum f_1}}{\frac{\sum x_0 f_0}{\sum f_0}} = \frac{\frac{\sum x_0 f_1}{\sum f_1}}{\frac{\sum x_0 f_0}{\sum f_0}} \cdot \frac{\frac{\sum x_1 f_1}{\sum f_1}}{\frac{\sum x_0 f_1}{\sum f_1}}$$

绝对数关系:

$$\frac{\sum x_1 f_1}{\sum f_1} - \frac{\sum x_0 f_0}{\sum f_0} = \left(\frac{\sum x_0 f_1}{\sum f_1} - \frac{\sum x_0 f_0}{\sum f_0}\right) + \left(\frac{\sum x_1 f_1}{\sum f_1} - \frac{\sum x_0 f_1}{\sum f_1}\right)$$

并由此三个指数进行因素分析。

重点、难点释析

指数是经济学家"工具箱"的有用工具,在实践中有着广泛的应用。人们在日常生活中最熟悉的两类指数——物价指数与股价指数,正是统计指数法的具体应用;财会分析中的"连环替代法"与"差额分析法"实质上就是统计指数分析法的应用分析。指数法被广泛应用于测定现象综合数量变动方向与程度,应用于经济现象的变动因素分析。但许多初学者总觉得统计指数方法很难学,每次考试时总有很多学生不能正确计算指数、分析现象变动的数量原因。现通过对典型问题的分析来讲解如何理解统计指数。

一、统计指数的实质

我们知道指数是一种反映社会经济现象数量变动的相对数,如何理解这个相对数呢?应该从以下几方面来理解:

(1)个体指数是随机变量。按照经济统计学的观点,个体指数是一个变异标志,即变量。该变量表现了总体中各种商品从基期到报告期的价格或数量变化的所有结果。由于商品价格或数量的变化受人的行为因素干扰呈不同程度的变化,而人的行为因素又因时间、地点、经济环境等的不同而变化,所以商品的价格或数量的变化具有随机性。

(2) 指数的计算本质上是对个体指数的加权平均。在实际应用中,指数特别是总体指数就是要揭示社会商品总体价格、数量综合变化的程度以及二者之间的相互关系。因而,指数的计算实际上就是要将不同的经济变量先综合后对比,以反映它们的综合变动情况。然而,不同的产品具有不同的使用价值和计量单位,无法直接进行加总,这就需要找到一个共同的尺度将它们综合到一起,这就是加权,通过加权将其使用价值量变为价值量。在实际工作中,编制价格指数以数量指标为权数,编制数量指标指数以相应的价格为权数。

(3) 根据样本计算的总指数实际上是对总体参数的一个估计。因为个体价格或数量指数实际上是随机变量,所以无论是何种形式的统计指数,其实质都是对随机变量的估计与推断,即要找到一个最接近或最能反映真值的值。现行的各种形式的指数,都不外乎要先找一个样本也就是代表品集团,通过该样本的研究,得到样本的指数,进而推断总体的指数。然而,寻找样本的过程,就是在总体中进行抽样,这本身就具有随机性。我们推断总指数的过程,实际上就是通过部分个体指数,也就是通过总体中的样本,寻找一个合适的统计量作为总指数的估计量,这个过程也就是统计推断的过程。因而,现实中的利用样本确定的指数实际上是对总体参数的一个估计。

当然,人们在指数编制实践中积累了大量的历史数据,为进一步研究指数、发挥指数的职能等积累了大量的有益经验。正是因为有丰富的历史数据,人们才会知道当指数取什么值时,经济现象总体变动才是正常的,才会及时地判断经济现象变动的方向,从而做出正确的判断以及科学的决策。

二、平均数指数作为综合指数的变形应用

综合指数与平均数指数是编制总指数的两种形式。而平均数指数要成为综合指数的变形,必须在特定权数的条件下实现。

具体来讲,加权算术平均数指数要成为综合指数的变形,必须是拉氏综合指数公式。

$$\bar{K}_q = \frac{\sum k_q q_0 p_0}{\sum q_0 p_0} = \frac{\sum \frac{q_1}{q_0} q_0 p_0}{\sum q_0 p_0} = \frac{\sum q_1 p_0}{\sum q_0 p_0}$$

$$\overline{K}_p = \frac{\sum k_p q_0 p_0}{\sum q_0 p_0} = \frac{\sum \frac{p_1}{p_0} q_0 p_0}{\sum q_0 p_0} = \frac{\sum q_0 p_1}{\sum q_0 p_0}$$

因此,只有在权数为基期价值量指标的情况下,加权算术平均数指数才可以看成是综合指数的一种变形。

加权调和平均数指数要成为综合指数的变形,必须是帕氏综合指数公式。

$$\overline{K}_q = \frac{\sum q_1 p_1}{\sum \frac{q_1 p_1}{k_q}} = \frac{\sum q_1 p_1}{\sum q_1 p_1 \div \frac{q_1}{q_0}} = \frac{\sum q_1 p_1}{\sum q_0 p_1}$$

$$\overline{K}_p = \frac{\sum q_1 p_1}{\sum \frac{q_1 p_1}{k_p}} = \frac{\sum q_1 p_1}{\sum q_1 p_1 \div \frac{p_1}{p_0}} = \frac{\sum q_1 p_1}{\sum q_1 p_0}$$

因此,只有在权数为报告期价值量指标的情况下,加权调和平均数指数才可以看成是综合指数的一种变形。

解析 (1)一般来说,数量指标指数的编制用加权算术平均数指数,即 $\overline{K}_q = \frac{\sum k_q q_0 p_0}{\sum q_0 p_0}$,因为通常数量指标指数编制时用拉氏综合指数公式。质量指标指数的编制用加权调和平均数指数,即 $\overline{K}_p = \frac{\sum q_1 p_1}{\sum \frac{q_1 p_1}{k_p}}$,因为通常质量指标指数编制时用帕氏综合指数公式。

(2)加权算术平均数指数要成为综合指数的变形,必须在基期价值量($q_0 p_0$)这个特定的权数条件下;加权调和平均数指数要成为综合指数的变形,必须在报告期价值量($q_1 p_1$)这个特定的权数条件下。

(3)平均数指数除了作为综合指数的变形使用外,还有其独立的应用价值。

三、居民消费价格指数的编制

居民消费价格指数,也称消费者价格指数,它反映城乡居民购买生活消费品和获得服务项目的价格变动趋势和变动程度。编制居民消费价格指数,可以观察分析消费品价格和劳务价格变动对城乡居民生活费用支出的影响,研究物价变动对货币工资的影响,计算实际工资及其指数。同时,它也是编制价格计划和财政计划,制定物价收费政策与工资政策的重要依据和参考。由于城镇居民和农村居民在消费的商品化程度与消费水平方面存在着较大的差别,因此,我国除了编制全国城乡居民消费价格总指数外,还要分别编制农村居民消费价格指数和城市居民消费价格指数。

(一) 商品和服务项目的分类与选择

居民消费的商品和服务种类繁多,为了保持统一性,国家统计局专门制定了《居民消费价格指数的商品和服务项目目录》(以下简称《目录》),各地在编制居民消费价格指数时,都应按照全国统一规定的必报商品和服务项目目录计算。2005年《国家统计报表制度》新修订了该目录,选择了8大类,262个基本分类,600种左右的商品和服务项目作为经常性调查项目。8大类商品和服务项目包括:① 食品;② 烟酒及用品;③ 衣着;④ 家庭设备用品及维修服务;⑤ 医疗保健及个人用品;⑥ 交通和通信;⑦ 娱乐教育文化用品及服务;⑧ 居住。大类下分中类,中类下分小类,小类以下又分若干商品集团或代表规格品。在编制居民消费价格指数时,应在商品集团中选择一种或几种代表规格品作为计算指数的代表,然后依次分层计算。值得注意的是,在编制居民消费价格指数时,各地必须按照《目录》选用国家统一规定的必报商品和服务项目作为代表规格品,在选择代表规格品时,可根据当地的实际情况再适当增加一些调查品种,但增选商品不得超过45种,并且要选择居民消费量大、市场供应相对稳定、价格变动趋势有代表性的代表规格品以及变动频繁、特殊的代表规格品。

(二) 代表地区和调查点的选择

居民消费价格指数说明的是全国或某一区域的居民平均价格水平变动情况,它既包括价格上涨地区,也包括价格下降地区和价格不变地区。有的地方平均物价变动较大,而有的则变化较小,因此,选择有代表性的地区作为计算价格指数的调查点关系重大。

在选择调查地区时,要采用随机抽样的方法,按照经济区域和地区分布合理等原则,在全国抽选有代表性的大、中、小型城市和县城作为国家调查市、县,对其市场价格进行经常性的直接调查。

在选好调查市、县之后,接着就要选择调查的网点。要选择经营品种齐全、零售额大的中心市场,包括百货大楼、购物中心、百货商场和农贸市场等作为商品价格的调查点。对于统一商品的零售价格,选点可适当少些,而对一些规格等级复杂多变的商品,可根据实际情况,适当多选几个网点作为辅助调查点。

(三) 资料的获得与权数的确定

居民消费价格指数通常按月、按年连续不断地编制。因此,各代表商品和服务项目,各级各类地区、各月各年平均价格的整理与计算,就成为编制价格指数的一项重要任务。居民消费价格的调查是一种非全面调查,主要方法是对抽选出来的调查点进行定时、定点、定员直接调查。

由于居民消费价格指数是长期连续不断编制的,其权数通常使用固定权数。我国目前的权数基本上是每年计算一次,年内不变。对于咸菜、鲜果的权数则每月计算一次。

在确定权数时,按大类指数、中类指数、小类指数、商品集团(规格品)指数先后确定。各类指数的权数之和均应等于100。权数一律采用整数,不取小数。

全国居民消费价格指数的类、商品及服务项目权数,由计算全国城市和农村居民消费价格指数的相应的类、商品及服务项目权数,按城乡居民相应的类、商品及服务项目消费额比重分别加权计算。

(四) 居民消费价格指数的编制方法

编制全国居民消费价格指数,是在编制全国城市和农村居民消费价格指数、编制各省(区、市)居民消费价格指数的基础上进行的。

(1) 全国城市居民消费价格指数,是在各省(区、市)城市居民单项商品消费价格指数的基础上,根据各省(区、市)城市居民消费额资料,确定居民消费的每一种商品在各省(区、市)城市间的比重,加权计算出全国城市居民单项商品消费价格指数,然后按加权算术平均公式汇总计算。

(2) 全国农村居民消费价格指数,是在各省(区、市)农村居民单项商品价格指数的基础上,根据各省(区、市)农村居民消费额资料,确定居民消费的每一种商品在各省(区、市)农村间的比重,加权计算出全国农村居民单项商品消费价格指数,然后按加权算术平均公式汇总计算。

(3) 全国城乡居民消费价格指数,是在全国城市和农村居民单项商品消费价格指数的基础上,根据城乡居民消费额资料,确定居民消费的每一种商品在城乡间的比重,加权计算出全国城乡居民单项商品消费价格指数,然后按加权算术平均公式汇总计算。

第六章 统计指数

习 题

一、单项选择题

1. 统计指数划分为个体指数和总指数的依据是(　　)。
   A. 反映的对象范围不同　　　　B. 指标性质不同
   C. 采用的基期不同　　　　　　D. 编制指数的方法不同

2. 已知某工厂生产三种产品,在掌握其基期、报告期生产费用和个体产量指数时,编制三种产品的产量总指数应采用(　　)。
   A. 加权调和平均数指数　　　　B. 加权算术平均数指数
   C. 数量指标综合指数　　　　　D. 固定加权算术平均数指数

3. 下列指数是数量指标指数的是(　　)。
   A. 商品物价指数　　　　　　　B. 单位产品成本指数
   C. 平均工资指数　　　　　　　D. 销售量指数

4. 由两个平均指标对比形成的指数是(　　)。
   A. 个体指数　　　　　　　　　B. 平均数指数
   C. 平均指标指数　　　　　　　D. 综合指数

5. 从形式上看,编制总指数的方法主要有(　　)。
   A. 算术平均数指数和调和平均数指数
   B. 个体指数和综合指数
   C. 综合指数和平均数指数
   D. 综合指数与平均指标指数

6. 在统计实践和理论中,指数一般是指(　　)。
   A. 广义的指数概念　　　　　　B. 拉氏和帕氏指数概念
   C. 狭义的指数概念　　　　　　D. 广义和狭义的指数两种概念

7. 数量指标指数和质量指标指数的划分依据是(　　)。
   A. 指数化指标的性质不同　　　B. 所反映的对象范围不同
   C. 所比较的现象特征不同　　　D. 编制指数的方法不同

8. 编制总指数的两种形式是(　　)。
   A. 数量指标指数和质量指标指数
   B. 综合指数和平均数指数
   C. 算术平均数指数和调和平均数指数

D. 定基指数和环比指数

9. 编制数量指标综合指数的一般原则是采用(　　)作为同度量因素。
　　A. 基期数量指标　　　　　　　　B. 报告期数量指标
　　C. 基期质量指标　　　　　　　　D. 报告期质量指标

10. 综合指数是(　　)。
　　A. 用非全面资料编制的指数　　　B. 平均数指数的变形应用
　　C. 总指数的基本形式　　　　　　D. 编制总指数的唯一方法

11. 综合指数的特点是(　　)。
　　A. 先综合,后对比
　　B. 先对比,后综合
　　C. 只对比,不综合
　　D. 既可以先综合后对比,也可以先对比后综合

12. 平均数指数是计算总指数的另一种形式,计算的基础是(　　)。
　　A. 数量指数　　　　　　　　　　B. 质量指数
　　C. 综合指数　　　　　　　　　　D. 个体指数

13. 销售量指数中指数化指标是(　　)。
　　A. 单位产品成本　　　　　　　　B. 单位产品价格
　　C. 销售量　　　　　　　　　　　D. 销售额

14. 设 p 表示商品的价格,q 表示商品的销售量,则 $\dfrac{\sum q_1 p_1}{\sum q_1 p_0}$ 表示(　　)。

　　A. 基期销售的商品,其价格综合变动程度
　　B. 基期销售的商品,其销售量综合变动程度
　　C. 报告期销售的商品,其价格综合变动程度
　　D. 报告期销售的商品,其销售量综合变动程度

15. 设 p 表示商品的价格,q 表示商品的销售量,则 $\sum q_1 p_0 - \sum q_0 p_0$ 表示(　　)。

　　A. 销售量和价格变动引起销售额变动的绝对额
　　B. 价格不变的情况下,销售量变动引起销售额变动的绝对额
　　C. 价格不变的情况下,销售量变动的绝对额
　　D. 销售量不变的情况下,商品价格变动引起销售额变动的绝对额

16. 按分析对象的范围不同,指数因素分析方法可以分为(　　)。
　　A. 两因素指数分析与多因素指数分析
　　B. 简单现象因素分析与复杂现象因素分析

C. 两因素指数分析与复杂现象因素分析

D. 多因素指数分析与简单现象因素分析

17. 已知五个企业报告期和基期的劳动生产率和人数资料,要计算五个企业劳动生产率总平均水平的变动,应计算(　　)。

    A. 结构影响指数   B. 可变构成指数

    C. 固定构成指数   D. 质量指标指数

18. 在由三个指数构成的指数体系中,两个因素分析的同度量因素通常(　　)。

    A. 都固定在基期

    B. 都固定在报告期

    C. 一个固定在基期,一个固定在报告期

    D. 采用基期和报告期的平均

19. 平均指标指数中的平均指标通常是指(　　)。

    A. 简单算术平均数   B. 加权算术平均数

    C. 加权调和平均数   D. 几何平均数

20. 某商品的销售额本年同上年比较没有变化,而商品销售量却平均上涨了9%,则商品价格平均(　　)。

    A. 下降了8.26%   B. 上涨了9.00%

    C. 上涨了8.26%   D. 上涨了11.29%

21. 某企业销售额增加,销售量持平,则物价(　　)。

    A. 降低   B. 上涨

    C. 不变   D. 无法确定

22. 加权算术平均数指数变形为综合指数时,其特定的权数是(　　)。

    A. q_1p_1 B. q_0p_1 C. q_1p_0 D. q_0p_0

23. 加权调和平均数指数变形为综合指数时,其特定的权数是(　　)。

    A. q_1p_1 B. q_0p_1 C. q_1p_0 D. q_0p_0

24. 如果零售价上涨15%,销售量下降15%,则销售额(　　)。

    A. 下降   B. 上涨   C. 没有变化   D. 无法判断

25. 某企业按2010年不变价格编制的2018年工业总产值指数为115%,这说明(　　)。

    A. 产量增长了15%

    B. 价格增长了15%

    C. 由于价格变动使产量增长了15%

    D. 工业总产值增长了15%

26. 某地区 2015 年社会商品零售额为 2.4 亿元,2018 年增至 3.12 亿元,这三年中物价上涨了 4%,则商品零售量( )。

  A. 上涨 30% B. 上涨 4% C. 下降 20% D. 上涨 25%

27. 某地区总的商品价格上涨 15%,则现在的 100 元( )。

  A. 与原来的 100 元等值 B. 只值原来的 87 元

  C. 只值原来的 85 元 D. 无法与过去比较

28. 在一般情况下,商品销售量指数与工资水平指数的同度量因素分别为( )。

  A. 商品销售量、平均工资水平

  B. 商品销售量、职工人数

  C. 单位商品销售价格、平均工资水平

  D. 单位商品销售价格、职工人数

29. 某企业职工人数比上年增长 5%,平均工资比上年增长 4%,则企业工资总额指数为( )。

  A. 109% B. 109.2% C. 120% D. 108%

30. 对原材料费用总额进行多因素分析时,用产量、单位原材料消耗量、单位原材料价格组成的指数体系中,对影响因素排序时,一般( )。

  A. 产量在前,单位原材料价格在最后

  B. 单位原材料价格在前,产量在最后

  C. 有时产量在前,有时单位原材料价格在前

  D. 产量与单位原材料价格哪一个指标在前都无所谓

二、多项选择题

1. 下列关于综合指数的表述正确的是( )。

  A. 综合反映多种现象的平均变动程度

  B. 两个总量指标对比的动态相对数

  C. 固定一个或一个以上因素,反映另一个因素的变动

  D. 分子与分母是两个或两个以上因素的乘积之和

  E. 分子或分母中有一项假定指标

2. 编制综合指数的一般原则是( )。

  A. 质量指标指数以报告期数量指标作为同度量因素

  B. 数量指标指数以报告期质量指标作为同度量因素

  C. 质量指标指数以基期数量指标作为同度量因素

  D. 数量指标指数以基期质量指标作为同度量因素

第六章 统 计 指 数

  E. 随便确定
3. 下列指数中,属于质量指标指数的是( )。
  A. 商品零售量指数   B. 工资总额指数
  C. 商品零售价格指数   D. 职工劳动生产率指数
  E. 工业产品成本指数
4. 某企业第四季度全部商品销售量为第三季度的110%,这个指数是( )。
  A. 季节指数   B. 比较指数
  C. 总指数   D. 数量指标指数
  E. 质量指标指数
5. 加权算术平均数指数是一种( )。
  A. 综合指数   B. 总指数
  C. 平均数指数   D. 个体指数的平均数
  E. 平均指标指数
6. 指数的作用是( )。
  A. 综合反映总体现象的变动方向
  B. 综合反映总体现象的变动程度
  C. 分析总体现象总变动中各因素影响的方向和程度
  D. 研究现象在长时期发展变化中的趋势和规律
  E. 反映事物之间相互关系的密切程度
7. 编制总指数的方法有( )。
  A. 综合指数   B. 平均数指数
  C. 质量指标指数   D. 数量指标指数
  E. 平均指标指数
8. 计算综合指数,构成用以对比的总量指标的因素指标是( )。
  A. 指数化指标   B. 作为同度量因素的指标
  C. 数量指标   D. 质量指标
  E. 平均指标
9. 用综合指数法编制总指数时,其中的同度量因素( )。
  A. 与平均数中的权数是两个不同的概念
  B. 既起同度量作用,又有权数作用
  C. 必须固定在同一个时期
  D. 其时期可以不固定
  E. 又称权数

10. 下列指数中,属于数量指标指数的有( )。
    A. 工业产品产量指数   B. 农产品收购价格指数
    C. 职工人数指数   D. 产品销售量指数
    E. 销售商品计划完成程度指数

11. 狭义统计指数的主要性质有( )。
    A. 相对性   B. 综合性
    C. 平均性   D. 整体性
    E. 大量性

12. 对于平均数指数,下列说法正确的是( )。
    A. 是个体指数的加权平均数
    B. 是计算总指数的一种形式
    C. 可作为综合指数的变形形式来使用
    D. 资料选择时,既可用全面资料,也可用非全面资料
    E. 计算方法是"先综合后对比"

13. 某企业基期产值为 100 万元,报告期比基期增长 16%,又知以基期价格计算的报告期假定产值为 110 万元。经计算可知( )。
    A. 该企业产品产量总共增长了 10%
    B. 该企业产品价格增长了 10%
    C. 由于价格变化,使产值增加 6 万元
    D. 由于产量变化,使产值增加 10 万元
    E. 由于产量变化,使产值增加 16 万元

14. 设 p 表示商品的价格,q 表示商品的销售量,则 $\sum q_1 p_1 - \sum q_1 p_0$ 的意义是( )。
    A. 综合反映价格综合变动的绝对数
    B. 综合反映由多种商品价格变动引起销售额变动的绝对额
    C. 综合反映由多种商品价格变动使消费者增加或减少的货币支出
    D. 综合反映销售额变动的绝对额
    E. 综合反映由多种商品销售量变动引起销售额变动的绝对额

15. 下列属于拉氏指数的有( )。
    A. $\dfrac{\sum q_1 p_0}{\sum q_0 p_0}$ B. $\dfrac{\sum q_1 p_1}{\sum q_0 p_1}$ C. $\dfrac{\sum q_1 p_n}{\sum q_0 p_n}$

D. $\dfrac{\sum q_0 p_1}{\sum q_0 p_0}$ E. $\dfrac{\sum q_1 p_1}{\sum q_1 p_0}$

16. 某地区多种商品的价格指数为105%,其对销售额的影响为3000万元,这表明( )。

    A. 该地区多种商品价格平均上涨5%

    B. 由于价格变动,使该地区销售额增长5%

    C. 由于价格上涨,使该地区居民消费支出多了3000万元

    D. 由于价格上涨,使该地区商店的销售收入多了3000万元

    E. 报告期价格与基期价格绝对相差3000万元

17. 下列属于帕氏指数的有( )。

    A. $\dfrac{\sum q_1 p_0}{\sum q_0 p_0}$ B. $\dfrac{\sum q_1 p_1}{\sum q_0 p_1}$ C. $\dfrac{\sum q_1 p_n}{\sum q_0 p_n}$

    D. $\dfrac{\sum q_0 p_1}{\sum q_0 p_0}$ E. $\dfrac{\sum q_1 p_1}{\sum q_1 p_0}$

18. 指数因素分析法的前提条件是( )。

    A. 各因素指数的乘积等于现象总变动指数

    B. 各因素指数之和等于现象总变动指数

    C. 各因素影响差额之和等于实际发生的总差额

    D. 各因素指数与总变动指数之间存在一定的因果关系

    E. 构成指数体系的各指标之间存在一定的经济关系

19. 下列哪些是反映平均指标变动的指数?( )

    A. 可变构成指数　　　　　　B. 固定构成指数

    C. 结构影响指数　　　　　　D. 算术平均指数

    E. 调和平均指数

20. 指数体系的作用是( )。

    A. 可以进行因素分析　　　　B. 测定现象总规模

    C. 可以进行指数间的互相推算　　D. 测定现象的长期变动趋势

    E. 测定不能直接相加与对比的现象的总变动

三、简答题

1. 统计指数有哪些作用?统计指数可分为哪几类?

2. 广义的统计指数与狭义的统计指数的概念分别是什么？
3. 什么是综合指数？
4. 与综合指数相比，平均数指数有何特点？
5. 指数体系分析有何作用？
6. 什么是因素分析？因素分析主要分析哪些内容？
7. 统计指数具有哪些性质？
8. 如何正确评价平均数指数？
9. 对现象进行多因素分析时，应该注意哪些方面的问题？
10. 什么是同度量因素？在编制指数时如何确定同度量因素的所属时期？

四、计算题

1. 某商场销售的三种商品有关资料如下：

产品名称	计量单位	销售量		价格（元）	
		2017	2018	2017	2018
甲	条	1200	1440	12	9.6
乙	米	6000	6000	4.8	5.4
丙	千克	1800	2400	9.6	8.4

要求：

(1) 分别计算三种商品的销售量指数与价格指数。

(2) 分别计算三种商品因价格变动增加的销售额。

2. 某超市三种商品的销售资料如下：

产品名称	销售量（吨）		价格（元）	
	基期	报告期	基期	报告期
甲	45	54	3.6	4.0
乙	210	240	3.8	4.4
丙	150	150	3.0	3.2

计算：

(1) 三种商品的销售额总指数。

(2) 三种商品的价格综合指数和销售量综合指数。

(3) 分析销售量和价格变动对销售额的影响程度和影响绝对额。

3. 某企业三种商品的销售资料如下：

商品名称	计量单位	销售量变动率(%)	基期销售额(元)	报告期销售额(元)
甲	台	50.00	80000	112000
乙	米	-37.5	8000	9600
丙	千克	20.00	16000	14000

计算三种商品销售量总指数以及由于销售量的变动对销售额产生的影响。

4. 某企业三种商品的单位成本和生产费用资料如下：

商品名称	计量单位	单位成本(万元)		报告期生产费用(万元)
		基期	报告期	
甲	件	150	165	220
乙	台	75	72	48
丙	千克	90	95	75.6

计算单位成本总指数以及由于单位成本的变动对生产费用产生的影响。

5. 某地区农村居民消费额 2017 年为 24 亿元，2018 年增加为 26 亿元。物价上涨了 5%，试计算农村居民消费量指数，并分析农村居民消费量和物价因素变动对农村居民消费额变动的影响绝对值。

6. (1) 已知某地区居民今年与去年拥有同样多的货币，但比去年少购买 10% 的商品，请问商品价格上涨了多少？

(2) 已知某企业产值报告期比基期增长了 24%，职工人数增长了 17%，请问劳动生产率会如何变化？

7. 已知某粮店三种商品的销售情况如下：

商品名称	销售量(千克)		单价(元/千克)		销售额(元)		
	2017 q_0	2018 q_1	2017 p_0	2018 p_1	p_0q_0	p_0q_1	p_1q_1
大米	1800	2250	5.76	5.44			
面粉	2250	3000	3.68	4.00			
食油	750	825	15.68	16.64			
合 计	—		—				

要求:
(1) 将上表填写完整。
(2) 求出销售额指数、拉氏销售量指数和帕氏价格指数。
(3) 分析三种商品的销售额变动中销售量和价格两个因素的作用。

8. 某公司三个企业 2017 年与 2018 年总产值、平均职工人数资料如下:

企业名称	总产值(万元)		平均职工人数(人)	
	基 期	报告期	基 期	报告期
甲	4500	5700	900	950
乙	2250	2750	500	550
丙	10000	13750	1000	1250
合 计	16750	22200	2400	2750

计算:
(1) 该公司的总劳动生产率的变动状况。
(2) 各企业劳动生产率变动对该公司总劳动生产率变动的影响。
(3) 各企业平均职工人数结构变动对该公司总劳动生产率变动的影响。

9. 某地区三种粮食作物的资料如下:

粮食作物名称	播种面积(公顷)		单位面积产量(千克)		粮食价格(元/千克)	
	基 期 q_0	报告期 q_1	基 期 m_0	报告期 m_1	基 期 p_0	报告期 p_1
(甲)	(1)	(2)	(3)	(4)	(5)	(6)
甲	1000	1200	4500	7500	2.0	3.0
乙	700	600	4800	6000	1.5	2.2
丙	500	300	3750	4500	1.0	1.6
合 计	—	—	—	—	—	—

试分析粮食作物总产值的变动,以及分别受播种面积、粮食单位面积产量和粮食价格变动影响的程度与绝对数。

10. 以下是商品零售价格资料,请编制商品零售价格总指数。

类别及品名	规格等级	计量单位	平均价格（元）		权数（%）	以上年为基期	
			上年	本年		指数（%）	指数×权数（%）
（甲）	（乙）	（丙）	（1）	（2）	（3）	（4）	（5）=（4）×（3）
一、食品类					38		
（一）粮食					[25]		
1. 细粮					(95)		
面粉	富强粉	千克	4.20	4.40	[40]		
粳米	一等	千克	5.00	4.50	[60]		
2. 粗粮					(5)	110.5	
（二）副食品					【48】	116.9	
（三）其他					【27】	111.2	
二、饮料烟酒类					4	100.1	
三、服装鞋帽类					10	95.0	
……							
十四、机电产品类					8	109.5	
合　计	—	—	—	—	100	—	

习题参考答案

一、单项选择题

1. A 2. B 3. D 4. C 5. C 6. C 7. A 8. B 9. C 10. C 11. A 12. D 13. A 14. C 15. B 16. B 17. B 18. C 19. B 20. A 21. B 22. D 23. A 24. A 25. A 26. D 27. B 28. D 29. B 30. A

二、多项选择题

1. ABCDE 2. AD 3. CDE 4. CD 5. BCD 6. ABCD 7. ABCD
8. AB 9. ABC 10. ACD 11. BD 12. ABDE 13. ACD 14. BC 15. AD
16. ACD 17. BE 18. ACDE 19. ABC 20. AC

三、简答题

1. 统计指数的作用有以下几方面：① 综合反映复杂现象总体数量上的变动状况。它以相对数的形式，表明多种产品或商品的数量指标或质量指标的综合变动方向和程度；② 分析现象总体变动中受各个因素变动的影响程度，包括现象总体总量指标和平均指标的变动受各个因素变动的影响程度分析；③ 利用连续编制的指数数列，对复杂现象总体长时间发展变化趋势进行分析。

统计指数的分类主要有：① 按反映的对象范围不同，分为个体指数和总指数；② 按所表明的指数性质不同，分为数量指标指数和质量指标指数；③ 按所采用的基期不同，分为定基指数和环比指数。

2. 统计指数这一概念有广义和狭义之分。从广义上说，凡是用来反映同类现象在不同空间、不同时间、实际与计划对比变动的相对数等都称为指数。狭义的指数，则是指用来反映由不能直接加总的多要素所构成的复杂社会经济现象综合变动程度的特殊相对数。狭义指数是指数分析的主要方面。

3. 综合指数是编制总指数的一种形式。它是由两个总量指标对比形成的指数。凡是一个总量指标可以分解为两个或两个以上的因素指标时，将其中一个或一个以上的因素指标固定下来，仅观察其中一个因素指标的变动程度，这样的总指数就叫综合指数。

4. 与综合指数相比，平均数指数有以下特点：① 平均数指数与综合指数的计算程序不同，平均数指数不像综合指数那样，先综合后对比，而是先对比计算出个体指数，然后再综合平均；② 综合指数主要适用于全面资料编制，而平均数指数既可以依据全面资料编制，也可以依据非全面资料编制；③ 综合指数一般采用实际资料作为权数编制，平均数指数在编制时，除了用实际资料作为权数外，也可以用估算的资料或固定价值量指标作为权数。

5. 指数体系的分析作用，主要表现在两个方面：① 可以进行因素分析。指数体系是利用指数对现象进行因素分析的依据，借助综合指数体系可以从相对数和绝对数两个方面分析各因素的变动对现象总变动的影响；② 可以进行指数间的互相推算。在一个指数体系中，当已知其中某几个指数时，可以利用指数体系所表现的数量关系,推算出某个未知指数的值。

6. 因素分析主要借助指数体系来分析社会经济现象变动中各因素变动发生作用的影响程度。因素分析主要分析以下两方面内容:① 分析社会经济现象总体总量指标的变动受各种因素变动的影响程度;② 分析社会经济现象总体平均指标变动受各种因素变动的影响程度。

7. 统计指数的性质有:① 相对性。指数是总体各现象在不同场合下对比形成的相对数;② 综合性。我们所研究的是狭义的指数,即指数是反映一组现象在不同场合下的综合变动水平。综合性说明指数是一种特殊的相对数,它是由一组事物综合对比形成的;③ 平均性。指数是现象总体变动水平的一个代表性量。其本质就是个体现象变动的平均数。

8. 编制平均数指数的基本方式是"先对比后平均",即首先通过对比计算个别产品或商品的数量指标或质量指标的个体指数,然后将个体指数进行加权平均求得总指数。平均数指数也是编制总指数的一种重要形式,与综合指数的联系在于:在一定的权数下,两者之间有变形关系。但作为一种独立指数形式的平均数指数,不只是作为综合指数的变形而使用的,它本身也具有独立的应用价值。平均数指数根据掌握的资料不同,有加权算术平均数指数、加权调和平均数指数、加权几何平均数指数等。

9. 在进行多因素分析时,在方法上要注意两点:① 在分析某一因素对经济指标的影响时,要把其他因素作为同度量因素固定下来,被固定因素的时期应根据综合指数编制以经济内容为依据的要求;② 各因素要合理安排顺序,先数量指标后质量指标,同时保证中间位置的因素与前后因素结合有实际意义。

10. 在统计指数编制中,能使不同度量单位的现象总体转化为数量上可以加总,并从客观上体现它在实际经济现象或过程中的份额这一媒介因素,称为同度量因素。

一般情况下,编制数量指标综合指数时,应以相应的基期的质量指标为同度量因素;而编制质量指标综合指数时,应以相应的报告期的数量指标为同度量因素。

四、计算题

1.(1) 三种商品的销售量指数与价格指数如下:

产品名称	计量单位	销售量			价格(元)		
		q_0	q_1	$K_q=\dfrac{q_1}{q_0}$ (%)	p_0	p_1	$K_p=\dfrac{p_1}{p_0}$ (%)
甲	条	1200	1440	120.00	12	9.6	80.00
乙	米	6000	6000	100.00	4.8	5.4	112.50
丙	千克	1800	2400	133.33	9.6	8.4	87.50

(2) 甲商品由于价格变动增加的销售额:

$$(p_1-p_0)q_1=(9.6-12)\times 1440=-3456(元)$$

乙商品由于价格变动增加的销售额:

$$(p_1-p_0)q_1=(5.4-4.8)\times 6000=3600(元)$$

丙商品由于价格变动增加的销售额:

$$(p_1-p_0)q_1=(8.4-9.6)\times 2400=-2880(元)$$

2. 计算有关数据如下:

产品名称	销售量(吨)		价格(元)		销售额(万元)		
	q_0	q_1	p_0	p_1	q_0p_0	q_1p_0	q_1p_1
甲	45	54	3.6	4.0	162.0	194.4	216.0
乙	210	240	3.8	4.4	798.0	912.0	1056.0
丙	150	150	3.0	3.2	450.0	450.0	480.0
合 计	—	—	—	—	1410.0	1556.4	1752.0

(1) 销售额总指数:

$$\overline{K}_{pq}=\frac{\sum q_1p_1}{\sum q_0p_0}=\frac{1752}{1410}=124.26\%$$

增加的绝对额:

$$\sum q_1p_1-\sum q_0p_0=1752-1410=342(万元)$$

(2) 价格综合指数:

$$\overline{K}_p=\frac{\sum q_1p_1}{\sum q_1p_0}=\frac{1752}{1556.4}=112.57\%$$

由于价格提高而增加的绝对额：

$$\sum q_1 p_1 - \sum q_1 p_0 = 1752 - 1556.4 = 195.6(万元)$$

销售量综合指数：

$$\overline{K}_q = \frac{\sum q_1 p_0}{\sum q_0 p_0} = \frac{1556.4}{1410} = 110.38\%$$

由于销售量增加而增加的绝对额：

$$\sum q_1 p_0 - \sum q_0 p_0 = 1556.4 - 1410 = 146.4(万元)$$

(3) 指数体系为

$$\frac{\sum q_1 p_1}{\sum q_0 p_0} = \frac{\sum q_1 p_0}{\sum q_0 p_0} \times \frac{\sum q_1 p_1}{\sum q_1 p_0}$$

$$\sum q_1 p_1 - \sum q_0 p_0 = (\sum q_1 p_0 - \sum q_0 p_0) \times (\sum q_1 p_1 - \sum q_1 p_0)$$

即

$$124.26\% = 110.38\% \times 112.57\%$$
$$342 = 146.4 + 195.6(万元)$$

3. 某企业三种商品销售资料，进一步计算有关数据如下：

商品名称	计量单位	销售量个体指数(%) K_q	基期销售额(元) $p_0 q_0$	$K_q p_0 q_0$
甲	台	150.00	80000	120000
乙	米	62.50	8000	5000
丙	千克	120.00	16000	19200
合 计	—	—	104000	144200

三种商品销售量总指数：

$$\overline{K}_q = \frac{\sum K_q q_0 p_0}{\sum q_0 p_0} = \frac{144200}{104000} = 138.65\%$$

由于销售量变动对销售额的影响：

$$\sum K_q q_0 p_0 - \sum q_0 p_0 = 144200 - 104000 = 40200(元)$$

4. 计算有关数据如下：

商品名称	计量单位	单位成本(万元)			p_1q_1	$\dfrac{p_1q_1}{k_p}$
		p_0	p_1	k_p		
甲	件	150	165	1.10	220	200.00
乙	台	75	72	0.96	48	50.00
丙	千克	90	95	1.06	75.6	71.62
合 计	—	—	—	—	343.6	321.62

单位成本总指数：

$$\overline{K}_p = \frac{\sum q_1 p_1}{\sum \dfrac{q_1 p_1}{k_p}} = \frac{343.6}{321.62} = 106.83\%$$

由于单位成本变动而增加的生产费用：

$$\sum q_1 p_1 - \sum \frac{q_1 p_1}{k_p} = 343.6 - 321.62 = 21.98(万元)$$

5. 已知

$$\sum q_0 p_0 = 24(亿元), \quad \sum q_1 p_1 = 26(亿元)$$

$$\overline{K}_p = \frac{\sum q_1 p_1}{\sum q_1 p_0} = 105\%$$

则

$$\sum q_1 p_0 = \frac{\sum q_1 p_1}{105\%} = \frac{26}{105\%} = 24.76(亿元)$$

$$农村居民消费量指数 = \frac{\sum q_1 p_0}{\sum q_0 p_0} = \frac{24.76}{24} = 103.17\%$$

农村居民消费量变动影响的消费额：

$$\sum q_1 p_0 - \sum q_0 p_0 = 24.76 - 24 = 0.76(亿元)$$

消费价格变动影响的农村居民消费额：

$$\sum q_1 p_1 - \sum q_1 p_0 = 26 - 24.76 = 1.24(亿元)$$

农村居民消费量增加 3.17%，使农村居民消费额增加 0.76 亿元，消费价格上涨 5%，使农村居民消费额增加 1.24 亿元，两因素共同影响使农村居民消费额增加 2 亿元。

6. （1）购买额指数＝购买量指数×物价指数，即

$$\frac{\sum q_1 p_1}{\sum q_0 p_0} = \frac{\sum q_1 p_0}{\sum q_0 p_0} \times \frac{\sum q_1 p_1}{\sum q_1 p_0}$$

则

物价指数 ＝ 购买额指数÷购买量指数 ＝ $100\% \div (1-10\%) = 111.11\%$

即商品价格上涨 11.11%。

（2）工业总产值指数＝职工人数指数×劳动生产率指数，则

劳动生产率指数 ＝ 工业总产值指数÷职工人数指数
$$= (1+24\%) \div (1+17\%) = 105.98\%$$

即劳动生产率提高 5.98%。

7. （1）填写完整的表格如下：

商品名称	销售量(千克)		单价(元/千克)		销售额(元)		
	2017 q_0	2018 q_1	2017 p_0	2018 p_1	$p_0 q_0$	$p_0 q_1$	$p_1 q_1$
大米	1800	2250	5.76	5.44	10368	12960	12240
面粉	2250	3000	3.68	4.00	8280	11040	12000
食油	750	825	15.68	16.64	11760	12936	13728
合 计	—	—	—	—	30408	36936	37968

（2）销售额指数：

$$\overline{K}_{pq} = \frac{\sum p_1 q_1}{\sum p_0 q_0} = \frac{37968}{30408} = 124.86\%$$

拉氏销售量指数：

$$\overline{K}_q = \frac{\sum q_1 p_0}{\sum q_0 p_0} = \frac{36936}{30408} = 121.47\%$$

帕氏价格指数：

$$\overline{K}_p = \frac{\sum p_1 q_1}{\sum p_0 q_1} = \frac{37968}{36936} = 102.79\%$$

（3）对销售额指数进行因素分析：

销售额增量 $= \sum q_1 p_1 - \sum q_0 p_0 = 37968 - 30408 = 7560$(元)

由于销售量增加而引起的销售额增加量为

$$\sum q_1 p_0 - \sum q_0 p_0 = 36936 - 30408 = 6528(元)$$

由于价格上升而引起的销售额增加量为

$$\sum q_1 p_1 - \sum q_1 p_0 = 37968 - 36936 = 1032(元)$$

销售额与销售量、价格之间的数值变动关系为

$$124.86\% = 121.47\% \times 102.79\%$$
$$7560 = 6528 + 1032(元)$$

计算结果表明,三种商品的销售额在 2018 年比 2017 年增加 7560 元,增幅为 24.86%,其中三种商品销售量总共增长了 21.47%,使销售额增加 6528 元;价格总共增长了 2.79%,使销售额增加 1032 元。因此可以看出,销售额的增加主要是由于销售量增加导致的。

8. 计算有关数据如下:

企业名称	总产值（万元）		平均职工人数（人）		劳动生产率（万元/人）		个体指数 $\dfrac{x_1}{x_0}$	假定总产值（万元） $x_0 f_1$
	基期 $x_0 f_0$	报告期 $x_1 f_1$	基期 f_0	报告期 f_1	基期 x_0	报告期 x_1		
甲	4500	5700	900	950	5.00	6.00	1.20	4750
乙	2250	2750	500	550	4.50	5.00	1.11	2475
丙	10000	13750	1000	1250	10.00	11.00	1.10	12500
合计	16750	22200	2400	2750	6.98	8.38	1.20	19725

先计算三个企业的报告期和基期的平均劳动生产率($\bar{x}_1$ 和 $\bar{x}_0$):

报告期:

$$\bar{x}_1 = \frac{\sum x_1 f_1}{\sum f_1} = 8.07(万元)$$

基期:

$$\bar{x}_0 = \frac{\sum x_0 f_0}{\sum f_0} = 6.98(万元)$$

另外,还可计算一个假定平均劳动生产率($\bar{x}_n$):

$$\bar{x}_n = \frac{\sum x_0 f_1}{\sum f_1} = \frac{19725}{2750} = 7.17(万元)$$

(1) 可变组成劳动生产率指数：

这一指数中包含着两个因素的变动，即劳动生产率水平因素的变动和工人人数结构的变动。具体数字计算如下：

$$\frac{\bar{x}_1}{\bar{x}_0} = \frac{\frac{\sum x_1 f_1}{\sum f_1}}{\frac{\sum x_0 f_0}{\sum f_0}} = \frac{8.07}{6.98} = 1.1561 \text{ 或 } 115.61\%$$

劳动生产率增长的绝对数：

$$\bar{x}_1 - \bar{x}_0 = 8.07 - 6.98 = 1.09(万元)$$

(2) 固定组成劳动生产率指数：

这一指标是单独反映劳动生产率水平因素变动的情况，因此，必须将工人人数结构假定固定在同一时期。从经济意义上分析，将工人人数结构同时固定在报告期有现实意义。具体数字计算如下：

$$\frac{\bar{x}_1}{\bar{x}_n} = \frac{\frac{\sum x_1 f_1}{\sum f_1}}{\frac{\sum x_0 f_1}{\sum f_1}} = \frac{8.07}{7.17} = 1.1255 \text{ 或 } 112.55\%$$

由于劳动生产率水平提高，增长的绝对数：

$$\bar{x}_1 - \bar{x}_n = 8.07 - 7.17 = 0.9(万元)$$

(3) 结构影响劳动生产率指数：

这一指数反映结构因素变动的情况。因此必须将劳动生产率水平因素固定在基期，具体数字计算如下：

$$\frac{\bar{x}_n}{\bar{x}_0} = \frac{\frac{\sum x_0 f_1}{\sum f_1}}{\frac{\sum x_0 f_0}{\sum f_0}} = \frac{7.17}{6.98} = 1.0272 \text{ 或 } 102.72\%$$

由于工人人数结构变动，使劳动生产率提高的绝对数：

$$\bar{x}_n - \bar{x}_0 = 7.17 - 6.98 = 0.19(万元)$$

9. 为进行粮食作物总产值变动的多因素分析，有关的粮食作物总产值计算数据如下：

粮食作物名称	粮食总产值(万元)			
	基 期 $q_0 m_0 p_0$	假 定 $q_1 m_0 p_0$	假 定 $q_1 m_1 p_0$	报告期 $q_1 m_1 p_1$
(甲)	(7)=(1)×(3)×(5)	(8)=(2)×(3)×(5)	(9)=(2)×(4)×(5)	(10)=(2)×(4)×(6)
甲	900.0	1080.0	1800.0	2700.0
乙	504.0	432.0	540.0	792.0
丙	187.5	112.5	135.0	216.0
合 计	1591.5	1624.5	2475.0	3708.0

根据资料,编制指数体系并进行因素分析如下:

$$\text{粮食作物总产值指数} = \frac{\sum q_1 m_1 p_1}{\sum q_0 m_0 p_0} = \frac{3708.0}{1591.5} = 232.99\%$$

粮食作物总产值变动的绝对额:

$$\sum q_1 m_1 p_1 - \sum q_0 m_0 p_0 = 3708.0 - 1591.5 = 2116.5(\text{万元})$$

分解计算三个因素指数,于是有

$$\text{播种面积指数} = \frac{\sum q_1 m_0 p_0}{\sum q_0 m_0 p_0} = \frac{1624.5}{1591.5} = 102.07\%$$

播种面积变动对总产值变动影响的绝对额:

$$\sum q_1 m_0 p_0 - \sum q_0 m_0 p_0 = 1624.5 - 1591.5 = 33.0(\text{万元})$$

$$\text{粮食单位面积产量指数} = \frac{\sum q_1 m_1 p_0}{\sum q_1 m_0 p_0} = \frac{2475.0}{1624.5} = 152.35\%$$

粮食单位面积产量对粮食作物总产值影响的绝对额:

$$\sum q_1 m_1 p_0 - \sum q_1 m_0 p_0 = 2475.0 - 1624.5 = 850.5(\text{万元})$$

$$\text{粮食价格指数} = \frac{\sum q_1 m_1 p_1}{\sum q_1 m_1 p_0} = \frac{3708.0}{2475.0} = 149.82\%$$

粮食价格变动对粮食作物总产值影响的绝对额:

$$\sum q_1 m_1 p_1 - \sum q_1 m_1 p_0 = 3708.0 - 2475.0 = 1233.0(\text{万元})$$

以上三个因素所组成的指数体系为

粮食作物总产值指数 ＝播种面积指数×粮食单位面积产量指数
×粮食价格指数

即
$$\begin{cases} 232.98\% = 102.07\% \times 152.35\% \times 149.82\% \\ 2116.5 = 33.0 + 850.5 + 1233.0(万元) \end{cases}$$

计算结果表明：该地区三种粮食作物的总产值报告期比基期增长132.98%，增加额为2116.5万元，这是由播种面积增长2.07%，使总产值增加了33.0万元；单位面积产量增长52.35%，使总产值增加了850.5万元；价格上涨49.82%，使总产值增加了1233.0万元，这三个因素共同作用的结果。其中价格上涨起了主要作用。

10. 利用表中资料，具体编制过程如下：

(1) 根据代表性规格品报告期和基期的综合平均价格，计算其个体价格指数。如粳米价格指数为

$$K_p = \frac{p_1}{p_0} = \frac{2.25}{2.50} = 90.00\%$$

(2) 根据代表性规格品的个体指数及其权数，计算小类价格指数。如细粮类价格指数为

$$\overline{K}_p = \sum \left(K \cdot \frac{W}{\sum W} \right) = 104.8\% \times 40\% + 90.0\% \times 60\% = 95.9\%$$

(3) 根据小类的价格指数及其权数，计算中类价格指数。如粮食类价格指数为

$$\overline{K}_p = \sum \left(K \cdot \frac{W}{\sum W} \right) = 95.9\% \times 95\% + 110.5\% \times 5\% = 96.6\%$$

(4) 根据中类的价格指数及其权数，计算大类价格指数。如食品类价格指数为

$$\overline{K}_p = \sum \left(K \cdot \frac{W}{\sum W} \right)$$
$$= 96.6\% \times 25\% + 116.9\% \times 48\% + 111.2\% \times 27\% = 110.3\%$$

综合计算结果如下：

类别及品名	规格等级	计量单位	平均价格（元）		权数（%）	以上年为基期	
			上年	本年		指数（%）	指数×权数（%）
（甲）	（乙）	（丙）	（1）	（2）	（3）	（4）	（5）=（4）×（3）
一、食品类					38	110.3	41.91
（一）粮食					【25】	96.6	24.15
1. 细粮					（95）	95.9	91.11
面粉	富强粉	千克	4.20	4.40	【40】	104.8	41.92
粳米	一等	千克	5.00	4.50	【60】	90.0	54.00
2. 粗粮					（5）	110.5	5.53
（二）副食品					【48】	116.9	56.11
（三）其他					【27】	111.2	30.1
二、饮料烟酒类					4	100.1	4.00
三、服装鞋帽类					10	95.0	9.50
……							
十四、机电产品类					8	109.5	8.76
合 计	—	—	—	—	100	—	101.57

（5）根据大类的价格指数及其权数，计算零售商品价格总指数为

$$\overline{K}_p = \sum \left(K \cdot \frac{W}{\sum W} \right) = 110.3\% \times 38\% + 110.1\% \times 4\% + 95.0\% \times 10\%$$
$$+ \cdots + 109.5\% \times 8\% = 101.57\%$$

计算结果表明：本年同上年相比，商品零售价格平均上涨了1.57%。

第七章 抽样推断

学习辅导

一、本章学习目的与要求

（1）掌握抽样推断的概念、特点，理解有关概念。

（2）重点理解抽样误差、抽样平均误差的概念，掌握抽样平均误差、抽样极限误差的计算。

（3）掌握简单随机抽样下的总体参数的估计。

（4）了解分层抽样、整群抽样下的总体参数的估计。

（5）联系实际，了解抽样组织设计的有关内容。

二、本章内容提要

（一）抽样推断中的一些基本概念

抽样推断是在根据随机原则从总体中抽取部分实际数据的基础上，运用数理统计方法，对总体某一现象的数量性做出具有一定可靠程度的估计判断。

抽样推断具有以下特点：① 它是由部分推算整体的一种认识方法；② 它建立在随机取样的基础上；③ 它是运用概率估计的方法；④ 抽样推断的误差可以事先计算并加以控制等。

1. 全及总体和样本总体

全及总体是我们所要研究的对象，而样本总体则是我们所要观察的对象，两者是既有区别又有联系的不同范畴。全及总体又称母体，简称总体，它是指所要认识的，具有某种共同性质的许多单位的集合体。样本总体又称子样，简称样本，是从全及总体中随机抽取出来，代表全及总体的那部分单位的集合体。样本总体的单位数称为样本容量，通常用小写英文字母 n 来表示。随着样本容量的增大，样本对总体的代表性越来越高,并且当样本单位数足够多时,样本平均数越接近总体平均数。

对于抽样调查,全及总体是唯一确定的,而样本总体并不是这样,样本是不确定的,一个全及总体可能抽出很多个样本总体,样本的个数和样本的容量有关,也和抽样的方法有关。

2. 全及指标和抽样指标

根据全及总体各个单位的标志值或标志属性计算的,反映总体某种属性或特征的综合指标称为全及指标。常用的全及指标有总体平均数(或总体成数)、总体标准差(或总体方差)。

由样本总体各单位标志值计算出来反映样本特征,用来估计全及指标的综合指标称为统计量(抽样指标)。统计量是样本变量的函数,用来估计总体参数,因此与总体参数相对应,统计量有样本平均数(或抽样成数)、样本标准差(或样本方差)。

对于一个问题来说全及总体是唯一确定的,所以全及指标也是唯一确定的,全及指标也称为参数,它是待估计的数。而统计量则是随机变量,它的取值随样本的不同而发生变化。

3. 样本容量和样本个数

样本容量是指一个样本所包含的单位数。通常将样本单位数不少于30个的样本称为大样本,不及30个的称为小样本。社会经济统计的抽样调查多属于大样本调查。样本个数又称样本可能数目,指从一个总体中可能抽取的样本个数。一个总体有多少样本,则样本统计量就有多少种取值,从而形成该统计量的分布,此分布是抽样推断的基础。

4. 重复抽样和不重复抽样

重复抽样也称回置或放回抽样。简单地说,假定从总体 N 个单位中随机抽取一个容量为 n 的样本,可从总体中每次仅随机抽取一个单位进行观测,经观测登记后放回原总体中重新随机抽取,直到抽满预定的 n 个单位为止。其特点是:① 每次抽样是在完全相同的条件下进行的;② 每个单位被抽中的机会在每次抽样中都相等。

不重复抽样也称不回置抽样。如果从总体 N 个单位中随机抽取一个容量为 n 的样本,可从总体中每次仅随机抽取一个单位,观测登记后不再放回原总体中参加下一次抽选,直到抽满预定的 n 个单位为止。其特点是:① 每次抽样是随机的,但每次抽样后下一次抽样总体单位就减少一个;② 每个单位中选的机会在各次抽样中是不同的。抽样方法与可能的样本数如下:

	考虑顺序	不考虑顺序
重复抽样	N^n	C_{N+n-1}^n
不重复抽样	P_N^n	C_N^n

5. 抽样误差、抽样平均误差、抽样极限误差

抽样误差是指由于随机抽样的偶然因素使样本各单位的结构不足以代表总体各单位的结构,因而引起抽样的样本指标和全及指标之间的绝对离差。因此,又称为随机代表性误差,它不包括登记误差,也不包括系统性误差。

抽样平均误差是反映抽样误差一般水平的指标,它的实质含义是指抽样平均数(或成数)的标准差。即它反映了抽样指标与总体指标的平均离差程度。抽样平均误差的作用首先表现在它能够说明样本指标代表性的大小。平均误差大,说明样本指标对总体指标的代表性低;反之,则高。

抽样极限误差是指用绝对值形式表示的样本指标与总体指标偏差的可允许的最大范围。它表明被估计的总体指标有希望落在一个以样本指标为基础的可能范围。在抽样实践中,抽样极限误差通常是根据对估计精度的要求而事先给定的。它的实际意义是用抽样平均数或成数来估计总体平均数或成数时,估计误差应控制在抽样极限误差的范围内。抽样平均误差的计算公式如下:

	抽样平均数平均误差	抽样成数平均误差
重复抽样	$\mu_{\bar{x}} = \dfrac{\sigma}{\sqrt{n}}$	$\mu_p = \sqrt{\dfrac{p(1-p)}{n}}$
不重复抽样	$\mu_{\bar{x}} = \sqrt{\dfrac{\sigma^2}{n}\left(1-\dfrac{n}{N}\right)}$	$\mu_p = \sqrt{\dfrac{p(1-p)}{n}\left(1-\dfrac{n}{N}\right)}$

影响抽样误差的因素有:① 总体各单位标志值的差异程度;② 样本的单位数;③ 抽样的方法;④ 抽样调查的组织形式。

6. 抽样估计的置信度、概率度与精度

抽样估计的置信度是指抽样指标与总体指标的抽样误差不超过一定范围的概率,也称概率保证程度。

抽样估计的概率度是指在抽样概率保证程度下的抽样极限误差与抽样平均误差之比。即把抽样极限误差 $\Delta_{\bar{x}}$ 或 Δ_p 相应除以 $\mu_{\bar{x}}$ 或 μ_p,得出相对的误差程度 t 倍,t 称为抽样误差的概率度。于是有 $\Delta_{\bar{x}} = t\mu_{\bar{x}}$,$\Delta_p = t\mu_p$。

抽样估计的精度是指用样本指标值代替总体指标值的接近程度。接近程度越高,精度也越高,误差就越小。一般来说,概率保证程度越大,相应的抽样估计的误差就可能越大,精度就会越低。

(二) 抽样估计

抽样估计就是利用实际调查计算的样本指标值来估计相应的总体指标数值。抽样估计有点估计和区间估计两种。

参数点估计的基本特点:根据总体指标的结构形式设计样本指标作为总体参数的估计量,并以样本指标的实际值直接作为相应总体参数的估计值。点估计的优良标准是无偏性、一致性和有效性。

抽样估计的置信度是表明抽样指标和总体指标的误差不超过一定范围的概率有多大。

参数区间估计的基本特点:根据给定的概率保证程度的要求,利用实际抽样资料,指出总体被估计值的上限和下限,即指出总体参数可能存在的区间范围,而不是直接给出总体参数的估计值。

总体参数区间估计根据给定的概率保证程度的要求,利用实际抽样资料,指出被估计值的上限和下限,即指出总体参数可能存在的区间范围。总体参数区间估计必须同时具备估计值、抽样误差范围和概率保证程度三个要素。

(三) 调查设计的基本内容

(1) 明确调查目的:每一项调查,必须有明确的调查目的。调查目的一般可分为调查的总目的和具体目的。调查目的是选定调查指标的依据。

(2) 确定调查对象和观察单位:根据调查目的确定调查对象,即明确调查总体的同质范围。在确定的总体范围内,组成调查对象的每个个体即为观察单位。观察单位可以是一个人、一个家庭或一个群体。

(3) 确定调查方法:根据研究问题的性质、客观条件和研究目的选择合适的调查方法。按调查的涉及面,一般可分为普查(overall survey)和抽样调查(sampling survey)。普查也称全面调查(complete survey),是对调查范围内的全部观察对象(总体)进行调查,一般用于了解总体在某一特定"时点"的情况。抽样调查是一种非全面调查,是从总体中抽取一定数量的观察单位组成样本,然后根据样本信息来推断总体特征。抽样调查是医学科研中最为常用的方法。

调查方法还可按调查内容发生的时间,分为横断面调查(cross-sectional study)和纵向调查(longitudinal study);按资料的来源,可分为现场调查和利用现有资料两种;按调查方式,可分为面对面调查和非面对面调查(信访、电话采访等)

两种。

(4) 确定调查指标和变量：调查目的是选定调查指标的依据，调查指标是调查目的的具体体现。设计时，应将调查目的转化为具体的调查指标。调查指标可分为客观指标和主观指标，还可分为定性指标和定量指标。一个指标可以是一个或几个变量，也可以是几个指标构成一个变量。指标的设立应注意灵敏性、特异性和客观性，并紧扣研究目的，做到少而精。

(5) 编制调查表。

(6) 确定样本含量：在现场调查中，最常用的是估计总体均数及估计总体率时要求的样本含量。估计总体均数的样本含量的计算公式：

$$n = \left(\frac{t_{\alpha/2}\sigma}{\Delta_{\bar{x}}}\right)^2$$

式中，$\Delta_{\bar{x}}$ 为允许误差。σ 为估计的标准差，一般都是从以前的研究资料中获得。在算得 n 之前，自由度 ν 不能确定，$t_{0.05/2}$ 仍是未知的，解决的办法是先以 $u_{0.05/2}$ 代替 $t_{0.05/2}$，用迭代法求得 n。估计总体率的样本含量的计算公式：

$$n = \frac{u_{\alpha/2}^2 p(1-p)}{\Delta_p^2}$$

式中，Δ 为允许误差。如果估计的 p 是一个范围，那就应该取其中最靠近50％的值。假定估计的 p 一般在10％到30％之间，则取 $p=0.30$；假定估计的 p 一般在40％到80％之间，则取 $p=0.50$；如果对 p 一无所知，则取 $p=0.50$。

(7) 调查员：调查员应该经过选择和培训，培训分为理论培训和实践培训。调查员的工作量要合理，对调查员应有监督机制和质量控制措施。

(四) 抽样方法

1. 简单随机抽样

简单随机抽样(simple random sampling)是指在某个总体中以完全随机的方法抽取一部分个体组成样本。一般，在抽样前，需要先对抽样总体中的全部个体进行编号即确定抽样框架，然后用抽签或随机数字表的方法抽取一部分个体。这种抽样方法简单，计算抽样误差方便。但是，在大规模的调查中，由于对总体中的所有个体进行编号很困难，而且当样本量不大时抽取的个体可能很分散，因此，抽样和现场调查都会相当困难。

简单随机抽样的均数和率的标准误的计算公式如下：

$$S_{\bar{X}} = \sqrt{\left(1-\frac{n}{N}\right)\frac{S^2}{n}}$$

$$S_p = \sqrt{\left(1-\frac{n}{N}\right)\frac{p(1-p)}{n}}$$

式中,n/N 称为抽样比(sampling fraction),$(1-n/N)$ 为"有限总体校正数"(finite population correction)。去掉"有限总体校正数"即可用于无限总体抽样误差的计算。

2. 等距抽样

等距抽样又称系统抽样或机械抽样,它是先将总体各单位按某一标志排队,然后按相等的距离或间隔来抽取样本单位。等距抽样也需要事先对总体结构有一定的了解,利用已有的信息来确定各单位在数列中的位置。在此基础上进行间隔抽样,这样可以保证所取得的样本单位在总体中分布均匀,有较高的代表性。

由于排队所依据的标志不同,有两种等距抽样方法。一是无关标志排队法;二是有关标志排队法。按有关标志排队实质上运用了类型抽样的一些特点,有利于提高样本的代表性。

用等距抽样的方式抽取单位组成样本,就可直接用简单法计算样本平均数。系统抽样的抽样误差一般按简单随机抽样方法估计。

3. 类型抽样

类型抽样又称分层抽样,它是先对总体各单位按某一主要标志进行分组,然后再从各组中按随机原则抽选一定的单位构成样本。

类型抽样是将统计分组法和简单随机抽样结合起来的一种抽样方式。通过分组,可以把总体分成几个在组内性质比较接近的类型,使得各组内标志变异缩小,各组间有较大差异,保证了样本单位能够均匀地分布在总体各部分,从而提高样本的代表性。实践和数理统计都已证明,类型抽样能比简单随机抽样取得更好的效果。分层的原则是层间差别越大越好,层内差别越小越好。在样本总含量 n 确定后,有两种比较常用的方法来分配各层的观察单位数 N_i。

(1) 按比例分配(proportional allocation):按各层观察单位数 N_i 占总体观察单位数 N 的比例抽取样本,使各层样本含量 n_i 与样本总含量 n 之比等于各层观察单位数 N_i 与总体观察单位数 N 之比。采用按比例分层随机抽样时,所得均数或比例是自动加权的。样本量分配可按下式计算:

$$\frac{n_i}{n} = \frac{N_i}{N} \quad \text{或} \quad n_i = N_i \frac{n}{N}$$

(2) 最优分配(optimum allocation):同时按总体各层观察单位数 N_i 的多少和标准差 σ_i 的大小分配,按下面两式分配各层的样本量,使抽样误差最小。

样本均数的抽样公式:

$$n_i = n \frac{N_i \sigma_i}{\sum N_i \sigma_i}$$

样本率的抽样公式：

$$n_i = n \frac{N_i \sqrt{\pi_i(1-\pi_i)}}{\sum N_i \sqrt{\pi_i(1-\pi_i)}}$$

分层抽样中，若令 $W_i = N_i/N$，样本均数 $\bar{X}$ 和样本率 p 及其标准误（差）的计算公式如下：

样本均数： $\bar{X} = \sum W_i \bar{X}_i$

样本均数的标准误（差）： $S_{\bar{X}} = \sqrt{\sum \left(1 - \frac{n_i}{N_i}\right) W_i^2 S_{\bar{X}_i}^2}$

样本率： $p = \sum W_i p_i$

样本率的标准误（差）： $S_p = \sqrt{\sum \left(1 - \frac{n_i}{N_i}\right) W_i^2 S_{p_i}^2}$

4. 整群抽样

所谓整群抽样（cluster sampling）是先将总体按照某种与研究指标无关的特征划分为 K 个群组，每个群包括若干观察单位，然后再随机抽取 k 个群，将抽取的各个群的全部观察单位组成样本。整群抽样的特点是抽样和调查都很方便，可以省时、省力和省钱。缺点是可能抽样误差较大，特别是群间差别较大时。整群抽样样本均数 $\bar{X}$ 和样本率 p 及其标准误（差）的计算公式如下：

样本均数： $\bar{X} = \frac{K}{Nk} \sum m_i \bar{X}_i$

均数的标准误（差）： $S_{\bar{X}} = \frac{K}{N} \sqrt{\left(1 - \frac{k}{K}\right) \frac{1}{k(k-1)} \sum_{i=1}^{k} (T_i - \bar{T})^2}$

式中，T_i 为样本第 i 群内观察值之和，$\bar{T}$ 为各 T_i 的均数，$\bar{T} = \sum T_i/k$。

样本率： $p = \frac{K}{Nk} \sum a_i$

样本率的标准误（差）： $S_p = \frac{K}{N} \sqrt{\left(1 - \frac{k}{K}\right) \frac{1}{k(k-1)} \sum_{i=1}^{k} (a_i - \bar{a})^2}$

式中，$\sum a_i$ 为样本中各群阳性数之和，$\bar{a}$ 为样本各群的平均阳性数。

重点、难点释析

一、根据调查资料估计总体的参数

1. 总体均值和总量的估计

【例 7.1】 某市统计部门为了解全市居民年消费支出情况,从全市 20 万户居民中随机抽取 1000 户居民进行调查,经计算平均每户年生活费支出为 1.8 万元,标准差为 0.9 万元。要求:

(1) 以 95.45%($t=2$)的概率保证程度估计户均生活费支出的区间。

(2) 估计全市居民消费总支出区间。

根据计算公式显然有:户均年支出区间为[1.8−0.056,1.8+0.056]万元=[1.744,1.856]万元;市居民消费总支出区间为 20 万户×[1.744,1.856]万元=[3.488,3.712]亿元。

解析 (1) 一般而言,抽样区间估计的基本步骤是点估计、平均误差、极限误差、置信区间。本例就是标准的均值参数区间估计题型。由于样本均值与标准差是已知的,所以无需计算点估计值。

(2) 本题计算时,必须注意"方差"与"标准差"的区别,不要将标准差当作方差来使用。

(3) 社会经济问题抽样调查一般都采用不重复抽样,只有当总体单位总数 N 未知或 n/N 的比重很低时,才可以采用重复抽样平均误差公式来计算平均误差。

(4) 估计总量指标时,可直接将样本均值的区间乘上全及总体单位总数 N 即可。

2. 总体比例的估计

【例 7.2】 某企业为了解本市居民对某类保健品的看法,采用简单随机抽样的方式,从全市居民户中随机抽取 500 人进行调查,结果如下:

态度	喜欢	一般	不喜欢	合计
人数	320	100	80	500

要求:以 95%的可靠性估计全市居民中"喜欢"该产品的比例($t=1.96$)。
根据简单随机抽样下的比例的估计公式有

$$\Delta_p = t\mu_p = t\frac{\sigma}{\sqrt{n}} = t\sqrt{\frac{p(1-p)}{n}}$$

$$= 1.96\sqrt{\frac{320/500 \times (1 - 320/500)}{500}} \approx 0.042$$

喜欢该类保健品者的比率置信区间应为$[64\% - 4.21\%, 64\% + 4.21\%] = [59.79\%, 68.21\%]$。

解析 （1）本例是标准的成数区间估计题型。其基本步骤同样是点估计、平均误差、极限误差、置信区间。

（2）成数区间估计时最容易犯的错误就是将N、n、n_1混淆。其实,若用文字表述,应该是"从N中随机抽取n个单位进行观察,有n_1个单位是(具有某种特征)……"。并且,不要将抽样估计中提供的"可靠性水平"当作公式中的P来使用。"可靠性水平"值在计算时没有其他用途,只告诉我们概率密度t的具体取值。

（3）本例没有提供全市居民总人数,所以N可视作"无穷",因而采用重复抽样的平均误差公式计算抽样误差。

二、样本容量的确定

【例7.3】 对农村居民进行家计调查,根据历史资料,该地区农村居民家庭平均每人年收入的标准差为2400元,而家庭消费的恩格尔系数为48%。现在用重复抽样的方法,要求在95%的概率保证下,平均收入的极限误差不超过200元,恩格尔系数的极限误差不超过4%。请问必要的抽样单位数应该为多少?

根据重复抽样条件下必要样本单位数的公式计算为

样本平均数的必要单位数 $n = \dfrac{t^2 \sigma^2}{\Delta_{\bar{x}}^2} = \dfrac{1.96^2 \times 2400^2}{200^2} = 554(户)$

样本成数的必要单位数 $n = \dfrac{t^2 P(1-P)}{\Delta_p^2} = \dfrac{1.96^2 \times 0.48 \times 0.52}{0.04^2} = 600(户)$

两个抽样指标所要求的必要抽样数目不同,应该取其中较大的单位数,即抽取600户作为样本,以满足共同的要求。

解析 （1）本例是样本容量确定的标准题型之一。样本容量确定其实是极限误差计算（参数估计）的反问题,因此其公式就是根据极限误差与平均误差之间的关系推导而来的,即根据$\Delta_{\bar{x}} = t\mu_{\bar{x}} = t\dfrac{\sigma}{\sqrt{n}}$或$\Delta_p = t\mu_p = t\sqrt{\dfrac{p(1-p)}{n}}$的公式推导样本容量$n$,从而有上述公式。

（2）样本容量估计时,计算结果总是取整数,小数点无论是否达到0.5,均应该进位,故本列中553.2户与599.6户均进位,分别成为554户与600户。

(3) 当同时对总体平均数和总体成数进行区间估计时,计算出的样本容量必须满足两个推断的要求,一般在两个样本容量中选择较大的一个,所以本例中样本容量为 600 户,以满足共同的要求。

三、样本容量与抽样平均误差、抽样允许误差的关系

【例 7.4】 对于简单随机重复抽样,在其他条件不变的情况下:

(1) 抽样单位数(样本容量)分别增加 1 倍、3 倍,减少 25%、50%,则抽样平均误差应该分别如何变化?

(2) 反之,若抽样允许误差缩小 20%、50%,扩大 50%、100%,则抽样单位数(样本容量)应该如何变化?

解析 (1) 设改变要求之前的样本容量为 n,平均误差为 μ,则当样本容量分别增加 1 倍、3 倍,减少 25%、50% 时,相应的 n 将分别为 $n_1=2n$, $n_2=4n$, $n_3=0.75n$, $n_4=0.5n$,相应抽样平均误差分别为

$$\mu_1 = \frac{\sigma}{\sqrt{n_1}} = \frac{\sigma}{\sqrt{2n}} \approx 0.707\mu$$

即样本容量扩大 1 倍,平均误差减少 29.29%。

$$\mu_2 = \frac{\sigma}{\sqrt{n_2}} = \frac{\sigma}{\sqrt{4n}} \approx 0.5\mu$$

即样本容量扩大 3 倍,抽样平均误差减少 50%。

$$\mu_3 = \frac{\sigma}{\sqrt{n_3}} = \frac{\sigma}{\sqrt{0.75n}} \approx 1.1547\mu$$

即样本容量减少 25%,抽样平均误差扩大 15.47%。

$$\mu_4 = \frac{\sigma}{\sqrt{n_4}} = \frac{\sigma}{\sqrt{0.5n}} \approx 1.4142\mu$$

即样本容量减少 50%,抽样平均误差扩大 41.42%。

(2) 设改变要求之前的允许误差为 Δ,相应的样本容量记为 n,则当抽样允许误差缩小 20%、50%,扩大 50%、100% 时,相应的 Δ 分别为 $\Delta_1=0.8\Delta$, $\Delta_2=0.5\Delta$, $\Delta_3=1.5\Delta$, $\Delta_4=2\Delta$,相应的样本容量为

$$n_1 = \frac{t^2\sigma^2}{\Delta_{\bar{x}}^2} = \frac{t^2\sigma^2}{\Delta_{\bar{x}}^2 \, 0.8^2} = 1.5625n$$

即允许误差减少 20%,样本单位数应该扩大 0.5625 倍。

$$n_2 = \frac{t^2\sigma^2}{\Delta_{\bar{x}}^2} = \frac{t^2\sigma^2}{\Delta_{\bar{x}}^2 \, 0.5^2} = 4n$$

即允许误差减少一半,样本单位数应该扩大 3 倍。

$$n_3 = \frac{t^2\sigma^2}{\Delta_{\bar{x}}^2} = \frac{t^2\sigma^2}{\Delta_{\bar{x}}^2 1.5^2} = 0.4444n$$

即允许误差扩大 50%,样本单位数可以减少 55.56%。

$$n_4 = \frac{t^2\sigma^2}{\Delta_{\bar{x}}^2} = \frac{t^2\sigma^2}{\Delta_{\bar{x}}^2 2.0^2} = 0.25n$$

即允许误差扩大 1 倍,样本单位数可以减少 75%。

说明 (1) 本题是测试学生对样本容量与抽样平均误差(或极限误差)之间数量关系掌握的熟练程度。因此,本题关键是搞清楚在重复简单随机抽样情况之下,样本容量与平均误差、极限误差之间的公式关系。

(2) 本题还必须正确理解统计学中"扩大了"和"减少了"的真实含义,注意与"扩大到"和"减少到"之间的本质差别。"扩大了 1 倍"等价于"是原来的 2 倍","减少了 20%"等价于"是原来的 80%",貌似简单,却总有不少初学者搞错,因此必须引起重视。

习 题

一、单项选择题

1. 统计误差按照产生的来源分类,有(   )。
   A. 随机性误差和抽样误差　　B. 调查误差和随机性误差
   C. 工作性误差和抽样误差　　D. 登记性误差和代表性误差
2. 样本是指(   )。
   A. 任何一个总体　　　　　　B. 任何一个被抽中的调查单位
   C. 抽样单元　　　　　　　　D. 由被抽中的调查单位所形成的总体
3. 抽样框是指(   )。
   A. 总体　　　　　　　　　　B. 样本
   C. 由总体单位组成的名单或地图　D. 全部抽样单位组成的名单或地图
4. 抽样误差是指(   )。
   A. 在调查过程中由于观察、测量等差错所引起的误差
   B. 在调查中违反随机原则出现的系统误差
   C. 随机抽样而产生的代表性误差
   D. 人为原因所造成的误差

5. 抽样极限误差是(　　)。
   A. 调查性误差
   B. 一定可靠程度下抽样误差的可能范围
   C. 抽样平均误差
   D. 最大抽样误差的绝对值
6. 抽样调查是(　　)。
   A. 资料的搜集方法   B. 推断方法
   C. 资料的搜集方法和推断方法 D. 全面调查
7. 抽样调查的目的在于(　　)。
   A. 了解抽样总体的全面情况   B. 用样本指标推断全及总体指标
   C. 了解全及总体的全面情况   D. 用全及总体指标推断样本指标
8. 抽样调查与典型调查的主要区别是(　　)。
   A. 所研究的总体不同   B. 调查对象不同
   C. 调查对象的代表性不同   D. 调查单位的选取方式不同
9. 抽样调查抽选样本时,遵循的原则是(　　)。
   A. 随机原则   B. 同质性原则
   C. 系统原则   D. 主观性原则
10. 下列指标中为随机变量的是(　　)。
    A. 抽样误差   B. 抽样平均误差
    C. 允许误差   D. 样本容量
11. 在其他条件相同的情况下,重复抽样的抽样平均误差与不重复抽样的抽样平均误差相比,(　　)。
    A. 前者一定大于后者   B. 前者一定小于后者
    C. 两者相等   D. 前者可能大于也可能小于后者
12. 估计误差的可靠性和准确度(　　)。
    A. 是一致的   B. 是矛盾的
    C. 成正比   D. 成反比
13. 抽样推断的精确度和极限误差的关系是(　　)。
    A. 前者高说明后者小   B. 前者高说明后者大
    C. 前者变化而后者不变   D. 两者没有关系
14. 点估计的优良标准是(　　)。
    A. 无偏性、数量性、一致性   B. 无偏性、有效性、数量性
    C. 有效性、一致性、无偏性   D. 及时性、有效性、无偏性

第七章 抽样推断

15. 在简单随机重复抽样下,欲使抽样平均误差缩小为原来的1/2,则抽样单位数应（   ）。
    A. 扩大3倍   B. 扩大4倍
    C. 扩大0.5倍   D. 扩大2倍

16. 在简单随机重复抽样下,当允许误差范围缩小一半,则样本容量应（   ）。
    A. 扩大2倍   B. 扩大3倍
    C. 缩小为原来的0.5倍 D. 缩小为原来的0.25倍

17. 当总体单位数较大时,若抽样比为51%,则对于简单随机抽样,不重复抽样的抽样平均误差约为重复抽样的（   ）。
    A. 70%   B. 51%   C. 49%   D. 30%

18. 若有多个成数资料可供参考时,确定样本容量或计算抽样平均误差应该使用（   ）。
    A. 数值最大的成数   B. 数值最小的成数
    C. 数值为0.5的成数   D. 数值最接近或等于0.5的成数

19. 某冷库对储藏的一批禽蛋的变质率进行抽样调查,根据过去的资料,变质率为53%、49%、48%。现要求允许误差不超过5%,推断的概率保证程度为95%,则抽取的禽蛋数为（   ）。
    A. 400   B. 385   C. 384   D. 383

20. 用样本的矩作为相应(同类、同阶)总体矩的估计方法称为（   ）。
    A. 一阶原点矩法   B. 贝叶斯法
    C. 矩估计法   D. 最大似然估计

二、多项选择题

1. 重复抽样和不重复抽样相比（   ）。
    A. 都是随机抽样
    B. 二者的可能样本数目不同
    C. 二者都能使总体中每个单位被抽中的机会相等
    D. 总体中每个单位被抽中的机会不全相等
    E. 总体中每个单位进入同一样本的可能次数不等

2. 抽样误差不包括（   ）。
    A. 登记性误差
    B. 因破坏随机原则而造成的系统性误差
    C. 用样本指标代表总体指标而产生的不可避免的误差

D. 由于工作失误造成的误差

E. 调查性误差

3. 样本平均数的(　　)。

　　A. 分布在大样本下服从或近似服从正态分布

　　B. 平均数是总体平均数

　　C. 方差是总体方差

　　D. 平均数是随机变量

　　E. 分布与总体的分布形式相同

4. 影响抽样误差的主要因素有(　　)。

　　A. 总体的变异程度　　　　　　B. 样本容量

　　C. 抽样方法　　　　　　　　　D. 抽样组织形式

　　E. 估计的可靠性和准确度的要求

5. 计算抽样平均误差时,若缺少总体方差和总体成数,可用的资料有(　　)。

　　A. 过去抽样调查得到的相应资料　B. 小规模调查得到的资料

　　C. 样本资料　　　　　　　　　D. 过去全面调查得到的资料

　　E. 重点调查得到的资料

6. 抽样平均误差是(　　)。

　　A. 所有可能抽样误差的一般水平

　　B. 总体标准差

　　C. 所有可能出现的样本指标的标准差

　　D. 样本标准差

　　E. 所有样本指标和总体指标的平均离差

7. 与全面调查相比,抽样调查的优点有(　　)。

　　A. 速度快　　　　　　　　　　B. 费用省

　　C. 能够控制抽样估计的误差　　D. 适用范围广

　　E. 无调查误差

8. 抽样推断适用于(　　)。

　　A. 具有破坏性的场合

　　B. 时效性要求强的场合

　　C. 对大规模总体和无限总体的场合进行调查

　　D. 对全面调查的结果进行核查和修正

　　E. 不必要进行全面调查,但又需要知道总体的全面情况时

9. 同其他统计调查相比,抽样推断的特点是(　　)。

A. 了解总体的基本情况
B. 以部分推断总体
C. 比重点调查更节省人力、财力、物力
D. 可以控制抽样误差
E. 按随机原则抽样

10. 下面关于样本单位数的说法，正确的是（　　）。
A. 若要求抽样的可靠程度较高，抽样的数目就要多些
B. 若总体变异程度大，则需要多抽取一些样本单位
C. 若抽样的极限误差小，则需要多抽取一些样本单位
D. 在同样的条件下，重复抽样需要多抽取样本
E. 一般类型抽样和等距抽样比简单随机抽样需要的样本单位数多

三、简答题

1. 什么是抽样推断？抽样推断有何特点？
2. 什么是抽样误差？影响抽样误差大小的主要因素有哪些？
3. 什么是抽样极限误差？它与概率度有何关系？
4. 什么是类型抽样？如何进行抽样？
5. 影响必要样本容量的因素主要有哪些？
6. 抽样设计的基本原则有哪些？
7. 科学的区间估计方法要具备的基本要素有哪些？
8. 根据置信度的要求，估计总体指标的具体步骤是什么？

四、计算题

1. 对某地区农村进行居民家计调查，随机抽取 400 户居民，调查得年平均每户文化用品消费支出为 900 元，标准差为 200 元。要求抽样极限误差不超过 20 元，试对该地区农村居民年平均每户文化用品消费支出情况进行估计。

2. 对某市居民户独立拥有厨卫设施的情况进行调查，随机抽取 900 户居民，其中有 675 户居民拥有独立的厨卫设施。要求抽样极限误差范围不超过2.73%，试对该市居民户独立拥有厨卫设施的比重进行估计。

3. 某外贸公司出口一种茶叶，规定每包规格不低于 150 克，现在用不重复抽样的方法抽取其中 1‰ 进行检验。测得结果如下：

每包重量(克)	包 数(包)
148～149	10
149～150	20
150～151	50
151～152	20
合 计	100

要求：

(1) 以 99.73％的概率估计这批茶叶平均每包的重量范围。以便确定平均重量是否达到规格要求。

(2) 要求用同样的概率，估计这批茶叶包装的合格率范围。

4. 某企业对新试制的一批产品的使用寿命进行测定，按简单随机抽样方式抽取 100 个零件，测得其平均寿命为 2000 小时，样本标准差为 20 小时。要求：

(1) 以 68.27％的概率保证程度，推断其平均寿命的区间范围。

(2) 如果其他条件不变，将允许误差缩小一半，计算应抽取的零件个数。

(3) 如果允许误差缩小一半，概率提高到 95.45％，计算应抽取的零件个数。

5. 对某市居民进行家庭收入调查，按 1％的比例从该市所有家庭中随机抽取 800 户进行调查，调查结果为：家庭年平均收入为 12.8 万元，家庭收入的标准差为 2.3 万元。要求：

(1) 若采用不重置抽样，以 95.45％的置信度估计该市的家庭年平均收入。

(2) 如果允许误差减少到原来的一半，其他条件不变，计算需要抽取的家庭户数。

6. 某化肥厂日夜连续生产，每分钟的产量为 100 袋。现采用整群抽样来检验一昼夜生产的化肥每袋的重量和包装的一等品率。以 144 分钟为一个间隔，每次抽取 1 分钟的产量，共抽取 10 分钟的产量进行分批检验，其平均每袋重量为 49.5 千克，其群间方差为 2.65 千克。一等品包装的比重为 85％，其群间方差为 0.5％。要求用 95.45％的概率估计该厂这一天化肥产量每袋平均重量和一等品率的范围。

第七章 抽样推断

习题参考答案

一、单项选择题

1. D 2. D 3. C 4. B 5. B 6. B 7. B 8. D 9. A 10. A 11. A 12. B 13. A 14. C 15. A 16. B 17. A 18. D 19. B 20. C

二、多项选择题

1. ABDE 2. ABDE 3. AB 4. ABCD 5. ABCD 6. ACE 7. ABCD 8. ABCDE 9. BDE 10. ABCD

三、简答题

1. 抽样推断是在抽样调查的基础上,利用样本资料计算样本指标,并据此推算总体相应数量特征的一种统计分析方法。这种估计和判断要运用一定的数理统计的原理和方法,以保证对总体的认识具有一定的可靠程度。

抽样推断的特点主要有:① 抽样推断是由部分资料推算总体数量特征的一种认识方法;② 抽样推断建立在随机抽样的基础上;③ 抽样推断运用概率统计的方法;④ 抽样推断的误差可以事先加以计算并加以控制。

2. 抽样误差是由于随机抽样的偶然性因素作用使得样本结构不足以代表总体,而引起抽样指标和全及指标之间的绝对离差。它的产生可能是由于违反随机抽样的原则而产生的,也可能是由于虽然坚持随机抽样原则,但由于样本不足而产生的系统性误差。

影响抽样误差大小的因素主要有:① 总体各单位标志值的差异程度;② 样本单位数的大小;③ 抽样方法的不同;④ 抽样调查的组织形式不同。

3. 抽样极限误差是指可以允许样本指标与总体指标之间的最大误差范围,它等于样本指标可以允许变动的上限或下限与总体指标之差的绝对值。而概率保证程度是指在区间估计时总体指标以多大的可能落入一个区间中。一般来说,在其他条件不变的情况下,概率保证程度越高,抽样极限误差越大,反之亦然,两者呈正向关系。

4. 类型抽样又称分层抽样,它是先对总体各单位按某一主要标志进行分组,然后再从各组中按随机原则抽选一定的单位构成样本。

类型抽样是将统计分组法和简单随机抽样结合起来的一种抽样方式。通过分组,可以把总体分成几个在组内性质比较接近的类型,使得各组内标志变异缩小,各组间有较大差异,保证了样本单位能够均匀地分布在总体各部分,从而提高样本的代表性。实践和数理统计都已证明,类型抽样能比简单随机抽样取得更好的效果。分层的原则是层间差别越大越好,层内差别越小越好。有两种比较常用的方法:① 按比例分配。按各层观察单位数 N_i 占总体观察单位数 N 的比例抽取样本,使各层样本含量 n_i 与样本总含量 n 之比等于各层观察单位数 N_i 与总体观察单位数 N 之比;② 最优分配。即同时按总体各层观察单位数 N_i 的多少和标准差 σ_i 的大小分配,使抽样误差最小。

5. 影响必要样本容量的因素主要有:① 样本容量的大小受到抽样极限误差的影响,两者具有反向关系;② 样本容量的大小受到总体标准差的影响,两者具有正向关系;③ 样本容量的大小还受到概率保证程度即概率度的影响,两者具有正向关系;④ 样本容量的大小还受到抽样方式和组织形式的影响,一般来说,放回的重复抽样的样本容量在同等条件下要大于无放回的非重复抽样的样本容量。

6. 在抽样设计中,首先要保证随机原则的实现。随机取样是抽样推断的前提,离开这个前提,推断的理论和方法也就失去了存在的基础。其次,要考虑样本容量和结构问题。再次,要认识到不同的抽样组织形式会有不同的抽样误差,因而抽样的效果也是不同的。最后,在抽样设计中必须重视调查费用这个基本因素。许多情况下,我们的任务就是在一定误差要求下选择费用最少的样本设计方案;或在一定的费用开支条件下选择误差最小的方案。

7. 第一,要有合适的统计量作为估计量。第二,要有合理的允许误差范围。估计误差也不能太大,估计误差如果超过了一定限度,参数估计本身也会失去价值。第三,要有可靠的概率保证程度。估计的概率保证程度又称估计的置信度,它涉及估计的可靠性问题。

8. 根据置信度的要求,估计总体指标出现的可能范围的具体步骤如下:① 抽取样本,根据样本单位标志值计算样本指标,如计算样本平均数或样本成数,作为总体指标的相应估计值。并计算样本标准差用以推算抽样平均误差;② 根据给定的置信度 $F(t)$ 的要求,查《正态分布概率表》,求得概率度 t 值;③ 根据概率度和抽样平均误差来推算抽样极限误差的可能范围,并据此计算被估计总体指标的上、下限,对总体参数进行区间估计。

四、计算题

1. 第一步,抽取样本,计算样本平均数和标准差,并计算抽样平均误差。

$$\bar{x} = 900(元), \quad S = 200(元)$$

$$\mu_{\bar{x}} = \frac{\sigma}{\sqrt{n}} = \frac{200}{\sqrt{400}} = 10(元)$$

在这里总体标准差是用样本标准差来代替的。

第二步,根据给定的误差范围,计算该地区农村居民户年均文化用品消费的范围。

$$下限 = \bar{x} - \Delta_{\bar{x}} = 900 - 20 = 880(元)$$

$$上限 = \bar{x} + \Delta_{\bar{x}} = 900 + 20 = 920(元)$$

第三步,计算概率度,并查表估计出置信度。

$$t = \frac{\Delta_{\bar{x}}}{\mu_{\bar{x}}} = \frac{20}{10} = 2$$

$$F(t) = 0.9545$$

我们可以以 95.45% 的概率保证程度,估计该地区农村居民户年均文化用品消费支出在 880~920 元之间。

2. 第一步,抽取样本,计算样本成数和标准差,并推算抽样平均误差。

$$p = \frac{675}{900} = 75\%$$

$$\sigma_p = \sqrt{p(1-p)} = \sqrt{0.75 \times 0.25} = 0.43$$

$$\mu_p = \sqrt{\frac{p(1-p)}{n}} = \sqrt{\frac{0.75 \times 0.25}{900}} = 1.4\%$$

第二步,根据给定的误差范围,计算总体成数的上、下限。

$$下限 = p - \Delta_p = 75\% - 2.73\% = 72.27\%$$

$$上限 = p + \Delta_p = 75\% + 2.73\% = 77.73\%$$

第三步,计算概率度,并查表估计出置信度。

$$t = \frac{\Delta_p}{\mu_p} = \frac{2.73\%}{1.4\%} = 1.95$$

$$F(t) = 0.95$$

我们可以以 95% 的概率保证程度,估计该市居民户拥有独立厨卫设施的比重在 72.27%~77.73% 之间。

3. 计算有关数据如下：

每包重量(克)	组中值 x(克)	包数 f(包)	xf	$x-\bar{x}$	$(x-\bar{x})^2 f$
148～149	148.5	10	1485	－1.8	32.4
149～150	149.5	20	2990	－0.8	12.8
150～151	150.5	50	7525	0.2	2
151～152	151.5	20	3030	1.2	28.8
合　计	—	100	15030	—	76

(1) 根据样本资料计算样本平均数和标准差，并推算抽样平均误差。

$$\bar{x} = \frac{\sum xf}{\sum f} = \frac{15030}{100} = 150.3(克)$$

$$S = \sqrt{\frac{\sum (x-\bar{x})^2 f}{\sum f}} = \sqrt{\frac{76}{100}} = 0.872(克)$$

$$\mu_{\bar{x}} = \sqrt{\frac{\sigma^2}{n}\left(1-\frac{n}{N}\right)} = \sqrt{\frac{0.872^2}{100}(1-1\%)} = 0.0868(克)$$

根据给定的置信度 $F(t)=0.9973$，查表得概率度 $t=3$。

根据概率度和抽样平均误差计算抽样极限误差，并估计总体平均数的上、下限，判断其是否达到规格要求。

$$\Delta_{\bar{x}} = t\mu_{\bar{x}} = 3 \times 0.0868 = 0.26(克)$$

$$下限 = \bar{x} - \Delta_{\bar{x}} = 150.3 - 0.26 = 150.04(克)$$

$$上限 = \bar{x} + \Delta_{\bar{x}} = 150.3 + 0.26 = 150.56(克)$$

可以以99.73%的概率保证该批茶叶平均每包重量在150.04～150.56克之间，表明这批茶叶平均每包重量达到了规格要求。

(2) 根据样本资料计算样本合格率和标准差，并推算抽样平均误差。

$$p = \frac{n_1}{n} = \frac{70}{100} = 0.7$$

$$\sigma_p = \sqrt{p(1-p)} = \sqrt{0.7 \times 0.3} = 0.458$$

$$\mu_p = \sqrt{\frac{p(1-p)}{n}\left(1-\frac{n}{N}\right)} = \sqrt{\frac{0.458^2}{100}(1-1\%)} = 0.0456$$

根据给定的置信度 $F(t)=0.9973$，查表得概率度 $t=3$。

根据概率度和抽样平均误差计算抽样极限误差，并估计总体合格率的上、

第七章 抽样推断

下限。

$$\Delta_p = t\mu_p = 3 \times 0.0456 = 0.137$$
$$下限 = p - \Delta_p = 0.7 - 0.137 = 0.563$$
$$上限 = p + \Delta_p = 0.7 + 0.137 = 0.837$$

可以以 99.73% 的概率保证该批茶叶包装的合格率在 56.3%～83.7%之间。

4. 根据题目已知 $\bar{x}=2000, n=100, s=20$。

(1) $t=1$, $\mu_{\bar{x}} = \dfrac{s}{\sqrt{n}} = \dfrac{20}{\sqrt{100}} = 2$

$$\Delta_{\bar{x}} = t\mu_{\bar{x}} = 1 \times 2 = 2(小时)$$
$$下限 = \bar{x} - \Delta_{\bar{x}} = 2000 - 2 = 1998(小时)$$
$$上限 = \bar{x} + \Delta_{\bar{x}} = 2000 + 2 = 2002(小时)$$

以 68.27% 的概率保证其平均寿命的区间范围在 1998～2002 小时之间。

(2) 将允许误差缩小一半,应抽取的零件数为

$$n = \dfrac{t^2 \sigma^2}{\Delta_{\bar{x}}^2} = \dfrac{1^2 \times 20^2}{\left(\dfrac{2}{2}\right)^2} = 400(个)$$

(3) 如果允许误差缩小一半,概率提高到 95.45%,应抽取的零件数为

$$n = \dfrac{t^2 \sigma^2}{\Delta_{\bar{x}}^2} = \dfrac{2^2 \times 20^2}{\left(\dfrac{2}{2}\right)^2} = 1600(个)$$

5. 根据题目已知 $\bar{x}=12.8, n=800, s=2.3, \dfrac{n}{N}=1\%$。

(1) 若给定可靠度为 95.45%,则有

$$t = 2$$
$$\mu_{\bar{x}} = \sqrt{\dfrac{s^2}{n}\left(1 - \dfrac{n}{N}\right)} = \sqrt{\dfrac{2.3^2}{800}(1 - 1\%)} = 0.081$$
$$\Delta_{\bar{x}} = t\mu_{\bar{x}} = 2 \times 0.081 = 0.162(万元)$$
$$下限 = \bar{x} - \Delta_{\bar{x}} = 12.8 - 0.162 = 12.638(万元)$$
$$上限 = \bar{x} + \Delta_{\bar{x}} = 12.8 + 0.162 = 12.962(万元)$$

(2) 如果允许误差减少到原来的一半,其他条件不变,则需要抽取的家庭户数为

$$n = \dfrac{t^2 \sigma^2}{\Delta_{\bar{x}}^2} = \dfrac{2^2 \times 2.3^2}{\left(\dfrac{0.162}{2}\right)^2} = 3226(户)$$

6. 第一步,根据已知条件,确定 R 和 r。

$$R = \frac{60 \times 24}{1} = 1440, \quad r = \frac{1440}{144} = 10$$

第二步,进行抽样平均数的推断。

$$\mu_{\bar{x}} = \sqrt{\frac{\delta_{\bar{x}}^2}{r} \cdot \frac{R-r}{R-1}} = \sqrt{\frac{2.65}{10} \cdot \frac{1440-10}{1440-1}} = 0.513(千克)$$

$$\bar{X} = \bar{x} \pm t\mu_{\bar{x}} = 49.5 \pm 2 \times 0.513 = 49.5 \pm 1.026$$

$$\bar{X} = 48.474 \sim 50.526(千克)$$

也就是说,以 95.45% 的概率保证程度,估计该厂化肥的平均每袋重量在 48.47~50.53 千克之间。

第三步,进行抽样成数的推断。

$$\mu_p = \sqrt{\frac{\delta_p^2}{r} \cdot \frac{R-r}{R-1}} = \sqrt{\frac{0.5\%}{10} \cdot \frac{1440-10}{1440-1}} = 2.229\%$$

$$P = p \pm t\mu_p = 85\% \pm 2 \times 2.229\% = 85\% \pm 4.458\%$$

$$P = 80.542\% \sim 89.458\%$$

也就是说,以 95.45% 的概率保证程度,估计该厂所生产的化肥一等品率在 80.54%~89.46% 之间。

第八章 相关和回归分析

学习辅导

一、本章学习目的与要求

(1) 了解变量之间关系的概念与分类。
(2) 理解相关关系的概念、分类标准与分类结果。
(3) 掌握相关关系的计算与检验。
(4) 理解线性回归分析的基本概念与分析内容。
(5) 掌握一元线性回归模型参数的估计,并进行检验与应用分析。
(6) 掌握相关分析与回归分析的区别与联系。
(7) 掌握非线性回归模型的线性化方法以及参数估计与应用。

二、本章内容提要

(一) 相关关系的概念与测定

1. 变量之间的关系

变量之间的关系可以分为确定性的函数关系与非确定性的相关关系。

2. 变量之间相关的分类

按相关的方向,可分为正相关与负相关;按相关的表现形式,可分为线性相关与非线性相关;按相关关系密切程度,可分为完全相关、不完全相关和完全不相关;按相关关系涉及变量的多少,可分为简单相关与复相关。

3. 相关关系分析的内容与方法

相关关系分析的内容主要包括测定变量之间相关的方向(正相关与负相关)和程度(相关的大小);相关关系分析的方法主要有相关表(可以测定相关的方向)、相关图(可以测定相关的方向,一定程度上能够反映相关的强弱)、积矩相关系数(既能反映数值变量之间相关的程度,也能反映相关的方向)、等级相关系数(反映定性变量之间的相关程度与相关方向)。

(二) 线性回归分析

1. 回归分析与相关分析的区别与联系

简单地说,相关分析是回归分析的基础,而回归分析是相关分析的深入,具体内容参见重点、难点释析部分的介绍。

2. 一元线性回归模型参数的估计

主要是使用最小二乘法(OLS)来估计,得到回归模型的参数估计。需要注意的是,参数的估计值是关于样本的函数,样本的变化会导致参数估计值也发生相应的变化,所以回归参数的估计量是统计量。

3. 一元线性回归模型的检验

包括回归方程变量之间线性关系的拟合优度检验,以及回归系数的显著性检验。需要注意的是,在一元线性回归模型中,拟合优度检验和回归系数的显著性检验是等价的。

4. 一元线性回归模型的预测

预测可以分为点预测和区间预测,也可以分为样本内验证性预测和样本外的外推预测。

(三) 非线性回归模型的线性化

1. 非线性回归模型的概念与模型的确定

这里的非线性模型一般是针对回归模型的参数而言的,也就是回归模型对每个参数求偏导的结果不再含有任何回归参数,此时就是线性回归模型。

2. 一元非线性回归模型的线性化

非线性回归模型的线性化主要包括直接变换法、间接变换法。需要注意的是,非线性回归模型也可以直接进行估计而并非一定要线性化才能估计,将其线性化只是因为线性化估计比较方便,而且参数具有一些优良的性质。

3. 一元非线性回归模型的显著性检验

一般是将其线性化以后,对线性化以后的模型使用线性回归模型的检验方法进行检验,包括变量(线性变换之后)之间线性的拟合优度检验以及回归系数的显著性检验。

第八章 相关和回归分析

重点、难点释析

相关分析与回归分析在经济现实生活中经常出现,但初学者对相关分析与回归分析的基本概念与内容以及方法感到难以理解,下面将对本章的重点和难点进行详细讲解,以加深大家对这些问题的理解。

一、相关关系的概念、度量与特点

1. 概念

相关关系是变量之间的一种不确定的关系,它是相对于函数关系而言的,例如学生的学习成绩与学习时间的长短有一定的关系,但学习时间并不是决定学生学习成绩的唯一因素。

2. 度量

对于两个变量之间的线性关系通常使用变量的样本资料来计算相关系数,包括反映定量变量的积矩相关系数 r 和反映定性变量的等级相关系数 r_s,假设现在有 n 组两个变量的观察值 (x_i, y_i),$i=1,2,\cdots,n$,则它们的计算公式分别为

$$r = \frac{\sum_{i=1}^{n}(x_i-\bar{x})(y_i-\bar{y})}{\sqrt{\sum_{i=1}^{n}(x_i-\bar{x})^2 \sum_{i=1}^{n}(y_i-\bar{y})^2}}$$

$$r_s = 1 - \frac{6\sum_{i=1}^{n}d_i^2}{n(n^2-1)}$$

式中,d_i 为变量相同观测对应的等级差。

3. 特点

首先,它们都反映变量之间的不确定关系的程度与方向,数值的正负反映相关的方向,而大小反映了相关的程度。其次,相关系数的取值始终在 -1 与 1 之间。其三,对于两个变量,它们之间的相关系数受样本观测值的影响,在不同的样本数据下,计算的结果可能不同,因而存在着变量之间相关程度的检验问题,只有通过显著性检验的相关系数才能真正说明变量之间具有相关关系。此外,相关关系度量的是变量之间的线性相关程度,如果相关系数为 0,排除的只是变量之间没有线性关系,但不排除变量之间可能存在着其他非线性关系。

二、相关系数检验的缘由与步骤

我们以积矩相关系数为例,说明为什么要对相关系数进行检验以及检验的步骤。

由于总体的相关系数 ρ 一般是未知的,因此我们通常的做法是根据变量的样本资料来计算样本相关系数 r 作为总体相关系数 ρ 的估计值。由于样本资料受抽样的影响,对两个变量进行多次抽样而计算的样本相关系数一般是不同的,从而样本相关系数从本质上看是一个随机变量,所以必须对样本相关系数的可靠性进行检验,其检验的步骤如下:

(1) 建立假设。原假设是样本是从一个不相关的总体中抽取出来的,即假设为
$$H_0: \rho = 0, \quad H_1: \rho \neq 0$$

(2) 根据样本资料计算得到样本相关系数 r 的值。

(3) 构造检验的统计量:这里使用的统计量为 $t = |r|\sqrt{\dfrac{n-2}{1-r^2}}$,在原假设成立的情况下有 $t \sim t(n-2)$。

(4) 根据给定的显著性水平 α,查 t 分布表,得到临界值 $t_{\alpha/2}(n-2)$。

(5) 给出检验结论:如果有 $t > t_{\alpha/2}(n-2)$,则拒绝原假设,接受备择假设,即两个总体的相关系数不为零,反之亦然。

三、相关分析与回归分析的区别与联系

相关分析和回归分析都是用来分析变量之间的关系的,但两者不是等同的,主要区别如下:

(1) 对变量的要求上:相关分析的对象是两个随机变量,而回归分析中有一个是随机变量,称为因变量或被解释变量,还有一个或几个作为解释因变量的解释变量或自变量。

(2) 在变量之间的关系上:相关分析中两个随机变量的地位是对等的,而且只能也只要计算一个相关系数即可;而在回归分析中,变量之间的地位是不等的,一个处于被解释位置,另一个或多个处于解释位置。

(3) 在使用条件上:对于任意两个随机变量都可以通过抽取样本资料来计算它们的相关系数,但对于回归分析而言,即使两个变量具有很高的相关性,但没有因果关系,仍然不能建立回归模型,否则会出现虚假回归现象,而且随着研究目的的变化,如果同样的两个变量具有双向因果关系,则可以建立两个回归模型。

(4) 在分析手段上:相关分析主要通过相关图、相关表和相关系数来衡量变

量之间的相关程度和相关方向,但无法反映一个变量的变动对另一个变量影响的具体程度;而回归分析是通过构建模型,当模型通过检验以后,就可以利用模型来分析变量之间的变动方向和程度。

当然,相关分析和回归分析也不是毫不相干的,它们也有一定的联系,这种联系集中体现在:相关分析是回归分析的基础,而回归分析是相关分析的延续与深化。

特别地,对于一元线性回归分析,样本相关系数与回归系数具有一定的转化关系,在检验上也有一定的关系。

四、最小二乘法实现一元线性回归模型参数估计的方法

假设总体的一元线性回归分析模型如下:
$$y_i = \beta_0 + \beta_1 x_i + \varepsilon_i, \quad i = 1, 2, \cdots, n$$

最小二乘法要求找到这样一组回归系数的估计值 b_0, b_1,使得随机扰动项的估计值,即残差 $\hat{\varepsilon}_i = y_i - b_0 - b_1 x_i, i = 1, 2, \cdots, n$ 的平方和达到最小,即有下图:

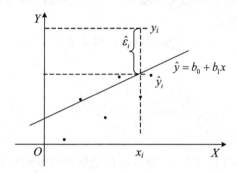

$$Q(b_0, b_1) = \min \sum_{i=1}^{n} \hat{\varepsilon}_i^2 = \min \sum_{i=1}^{n} (y_i - b_0 - b_1 x_i)^2$$

则 $Q(b_0, b_1)$ 是关于参数 b_0, b_1 的二元函数。

由高等数学知识可知,要使 $Q(b_0, b_1)$ 达到最小,需 $Q(b_0, b_1)$ 关于参数 b_0, b_1 的一阶偏导数为零,即

$$\frac{\partial Q}{\partial b_0} = -2 \sum_{i=1}^{n} [y_i - (b_0 + b_1 x_i)] = 0$$

$$\frac{\partial Q}{\partial b_1} = -2 \sum_{i=1}^{n} [y_i - (b_0 + b_1 x_i)] x_i = 0$$

经整理得下列方程组:

$$\begin{cases} \sum_{i=1}^{n} y_i = nb_0 + b_1 \sum_{i=1}^{n} x_i \\ \sum_{i=1}^{n} x_i y_i = b_0 \sum_{i=1}^{n} x_i + b_1 \sum_{i=1}^{n} x_i^2 \end{cases}$$

通过求解得参数 β_0, β_1 的估计值为

$$\begin{cases} b_1 = \dfrac{\sum_{i=1}^{n} (x_i - \bar{x})(y_i - \bar{y})}{\sum_{i=1}^{n} (x_i - \bar{x})^2} \\ b_0 = \bar{y} - b_1 \bar{x} \end{cases}$$

五、相关系数、回归系数、判定系数之间的关系

试说明两个变量的样本相关系数 r、一元线性回归模型回归系数 β_1 的估计值 b_1 和判定系数 R^2 的关系。

假设考察两个变量为 x, y,现抽取一组样本观察值 $(x_i, y_i), i=1, 2, \cdots, n$,则样本相关系数的计算公式为

$$r = \frac{\sum_{i=1}^{n} (x_i - \bar{x})(y_i - \bar{y})}{\sqrt{\sum_{i=1}^{n} (x_i - \bar{x})^2 \sum_{i=1}^{n} (y_i - \bar{y})^2}} = \frac{l_{xy}}{\sqrt{l_{xx} l_{yy}}}$$

如果建立以 x 为解释变量、y 为被解释变量的线性回归模型,则回归系数 β_1 的估计值 b_1 为

$$b_1 = \frac{\sum_{i=1}^{n} (x_i - \bar{x})(y_i - \bar{y})}{\sum_{i=1}^{n} (x_i - \bar{x})^2} = \frac{l_{xy}}{l_{xx}}$$

回归模型的判定系数为

$$R^2 = b_1 \frac{\sum_{i=1}^{n} (x_i - \bar{x})(y_i - \bar{y})}{\sum_{i=1}^{n} (y_i - \bar{y})^2} = \frac{l_{xy}^2}{l_{xx} l_{yy}}$$

式中,$l_{xy} = \sum_{i=1}^{n} (x_i - \bar{x})(y_i - \bar{y}), l_{xx} = \sum_{i=1}^{n} (x_i - \bar{x})^2, l_{yy} = \sum_{i=1}^{n} (y_i - \bar{y})^2$。显然

有下列关系式：

$$b_1 = r\sqrt{\frac{l_{yy}}{l_{xx}}}, \quad R^2 = r^2, \quad R^2 = b_1\frac{l_{xy}}{l_{yy}}$$

从而三者具有一定的转换关系。另外，在检验上，相关系数检验使用 t 检验，回归系数 β_1 的显著性检验也使用 t 检验，判定系数 R^2 检验使用 F 检验，但由于有 $F(1,n)=t^2(n)$，所以三者在检验上也是等价的，只要有一个通过检验，那么另外两个也通过检验。

六、回归系数的显著性检验及检验步骤

我们以一元线性回归模型回归系数的 t 检验为例，说明为什么要进行回归系数的显著性检验以及检验的步骤。

对于一元线性回归模型而言，当模型建立以后，在满足一定的假设的前提下，就可以通过抽取一组数据，使用最小二乘法进行估计，从而得到回归系数的一组估计值。显然，如果换一个样本，就会得到另一组回归系数的估计值，一般来说，它不等于前一组回归系数的估计值。从而出现回归系数的估计值能否代表回归系数的真实值的问题。而另一方面，虽然计算的估计值在数值上明显不等于零，但实际的回归系数可能为零。由于这些问题的存在，必须要对回归系数进行显著性检验。一般的回归系数检验的步骤如下：

(1) 提出假设：$H_0: \beta_1=0, H_1: \beta_1 \neq 0$。

(2) 选择合适的检验统计量：这里使用 $t = \dfrac{b_1}{se(b_1)} \sim t(n-2)$，式中，$se(b_1)$ 表示 b_1 的标准误差。

(3) 计算原假设成立时检验统计量的值 $|t| = \left|\dfrac{b_1}{se(b_1)}\right|$。

(4) 对于给定的显著性水平 α，查 t 分布表得到临界值 $t_{\alpha/2}(n-2)$。

(5) 给出检验结论：若有 $|t|>t_{\alpha/2}(n-2)$，则拒绝原假设而接受备择假设，即回归系数 β_1 在显著性水平 α 下与零有显著差异，反之亦然。

七、非线性模型进行线性化的原因及方法

实际现象中遇到的变量之间的关系往往呈现出非线性关系，所以线性回归模型的分析方法不能直接使用到非线性回归模型中，所以需要对非线性模型进行线性化，当然也可以对非线性模型直接进行回归分析，不过这个过程比较复杂，而实际中遇到的非线性模型可以通过变化得到线性模型，常用的方法有：

1. 直接变化法

这种方法直接使用新变量替代原来的变量，使非线性模型转化为线性模型，如下列非线性模型：

$$y = \beta_0 + \beta_1 \frac{1}{x} + \varepsilon, \quad y = \beta_0 + \beta_1 \ln x + \varepsilon, \quad \ln y = \beta_0 + \beta_1 \ln x + \varepsilon$$

这类模型的特点是：模型本身对回归系数是线性的，而对模型的变量是非线性的，所以可以直接使用新变量替代，可以得到线性模型，回归系数一般在变化前后保持一致，如上述三个模型可以分别令 $x^* = \frac{1}{x}, x' = \ln x, y^* = \ln y$，从而模型分别变为

$$y = \beta_0 + \beta_1 x^* + \varepsilon, \quad y = \beta_0 + \beta_1 x' + \varepsilon, \quad y^* = \beta_0 + \beta_1 x' + \varepsilon$$

2. 间接变化法

这种方法通常要对原模型的变量进行数据变化，如取对数等，然后再使用直接变换的方法，同时在这个过程中往往还要对回归系数进行替换，如下列模型：

$$y = \beta_0 x^{\beta_1} e^{\varepsilon}, \quad y = \beta_0 \beta_1^x e^{\varepsilon}$$

对于上述两个模型，首先取对数得到：

$$\ln y = \ln \beta_0 + \beta_1 \ln x + \varepsilon, \quad \ln y = \ln \beta_0 + (\ln \beta_1) x + \varepsilon$$

分别令 $y^* = \ln y, \beta_0^* = \ln \beta_0, x^* = \ln x, \beta_1^* = \ln \beta_1$，则可以得到线性模型为

$$y^* = \beta_0^* + \beta_1 x^* + \varepsilon, \quad y^* = \beta_0^* + \beta_1^* x + \varepsilon$$

当使用最小二乘法估计出参数以后，再反变换得到原始参数的估计值，上述例子就有

$$\beta_0 = e^{\beta_0^*}, \quad \beta_1 = e^{\beta_1^*}$$

适用于这种变换模型的特点是：模型对参数本身不是线性的，在实施变换时，变量和参数都要同时进行替换。

习 题

一、单项选择题

1. 单位产品成本与其产量相关；单位产品成本与单位产品原材料消耗量相关，( )。

　　A. 前者是正相关，后者是负相关　　B. 前者是负相关，后者是正相关

　　C. 两者都是正相关　　D. 两者都是负相关

2. 样本相关系数 r 的取值范围是( )。
   A. $-\infty<r<+\infty$　　　　B. $-1\leqslant r\leqslant 1$
   C. $-1<r<1$　　　　　　　D. $0\leqslant r\leqslant 1$
3. 当所有观测值都落在回归直线 $y=\beta_0+\beta_1 x$ 上时，x 与 y 之间的相关系数( )。
   A. $r=0$　　　　　　　　B. $r=1$
   C. $r=-1$　　　　　　　D. $|r|=1$
4. 相关分析与回归分析，在是否需要确定自变量和因变量的问题上，( )。
   A. 前者无需确定，后者需要确定　　B. 前者需要确定，后者无需确定
   C. 两者均需确定　　　　　　　　D. 两者都无需确定
5. 当直线相关系数的绝对值接近 1 时，说明两变量相关关系的密切程度是( )。
   A. 完全相关　　　　　　　　B. 微弱相关
   C. 无线性相关　　　　　　　D. 高度相关
6. 年劳动生产率 x(千元)和工人工资 y(元)之间的回归方程为 $y=10+70x$，这意味着年劳动生产率每提高 1000 元时，工人工资平均( )。
   A. 增加 70 元　　　　　　　B. 减少 70 元
   C. 增加 80 元　　　　　　　D. 减少 80 元
7. 当所有观察值都落在回归直线上时，x 与 y 之间的相关系数( )。
   A. $r=0$　　　　　　　　B. $-1<r<1$
   C. $|r|=1$　　　　　　　D. $0<r<1$
8. 下列关系中，属于正相关关系的有( )。
   A. 合理限度内，施肥量和平均单产量之间的关系
   B. 产品产量与单位产品成本之间的关系
   C. 商品的流通费用与销售利润之间的关系
   D. 流通费用率与商品销售量之间的关系
9. 下面是函数关系的是( )。
   A. 现代化水平与劳动生产率　　B. 圆的周长与其半径
   C. 家庭的收入和消费的关系　　D. 亩产量与施肥量
10. 直线相关分析与直线回归分析的联系表现为( )。
    A. 相关分析是回归分析的基础　　B. 回归分析是相关分析的基础
    C. 相关分析是回归分析的深入　　D. 相关分析与回归分析互为条件
11. 进行相关分析时，要求相关的两个变量( )。

A. 都是随机的

B. 都不是随机的

C. 一个是随机的,一个不是随机的

D. 随机或不随机都可以

12. 正相关的特点是(   )。

   A. 当自变量的值变动时,因变量的值也随之变动

   B. 当自变量的值增加时,因变量的值随之有增加的趋势

   C. 当自变量的值增加时,因变量的值随之有减少的趋势

   D. 当自变量的值增加时,因变量的值随之发生大致均等的变动

13. 相关关系的主要特征是(   )。

   A. 某一现象的标志与另外的标志之间存在着确定的依存关系

   B. 某一现象的标志与另外的标志之间存在着一定的关系,但它们不是确定的关系

   C. 某一现象的标志与另外的标志之间存在着严重的依存关系

   D. 某一现象的标志与另外的标志之间存在着函数关系

14. 相关分析是研究(   )。

   A. 变量之间的数量关系   B. 变量之间的变动关系

   C. 变量之间相互关系的密切程度   D. 变量之间的因果关系

15. 现象之间相互依存关系的程度越低,则相关系数(   )。

   A. 越接近 0   B. 越接近 -1

   C. 越接近 1   D. 越接近 0.5

16. 在回归直线 $y=\beta_0+\beta_1 x$ 中,若 $\beta_1>0$,则 x 与 y 之间的相关系数(   )。

   A. $r=0$ B. $r=1$

   C. $0<r<1$ D. $-1<r<0$

17. 当相关系数 $r=0$ 时,表明(   )。

   A. 现象之间完全无关   B. 相关程度较小

   C. 现象之间完全相关   D. 无直线相关关系

18. 已知 x 与 y 两变量间存在线性相关关系,且 $\sigma_x=10, \sigma_y=8, \sigma_{xy}^2=-7, n=100$,则 x 与 y 之间存在着(   )。

   A. 较密切的正相关   B. 较低度的正相关

   C. 较密切的负相关   D. 低度负相关

19. 计算估计标准误差的依据是(   )。

   A. 因变量的数列   B. 因变量的总变差

C. 因变量的回归变差　　　　　D. 因变量的剩余变差

20. 两个变量间的相关关系称为（　　）。
    A. 单相关　　　　　　　　　B. 复相关
    C. 无相关　　　　　　　　　D. 负相关

21. 从变量之间相关的方向看，可分为（　　）。
    A. 正相关与负相关　　　　　B. 直线相关和曲线相关
    C. 单相关与复相关　　　　　D. 完全相关和无相关

22. 从变量之间相关的表现形式看，可分为（　　）。
    A. 正相关与负相关　　　　　B. 直线相关和曲线相关
    C. 单相关与复相关　　　　　D. 完全相关和无相关

23. 物价上涨，销售量下降，则物价与销售量之间的关系属于（　　）。
    A. 无相关　　　　　　　　　B. 负相关
    C. 正相关　　　　　　　　　D. 无法判断

24. 估计标准误差是反映（　　）。
    A. 平均数代表性的指标　　　B. 相关关系的指标
    C. 回归直线的代表性指标　　D. 序时平均数代表性指标

25. 回归直线和相关系数的符号是一致的，其符号均可用来判断现象是（　　）。
    A. 正相关还是负相关　　　　B. 线性相关还是非线性相关
    D. 单相关还是复相关　　　　C. 完全相关还是不完全相关

26. 某校经济管理类的学生学习"统计学"的时间 x 与考试成绩 y 之间建立线性回归方程 $y=\beta_0+\beta_1 x$。经计算，方程为 $y=20-0.8x$，该方程参数的计算（　　）。
    A. β_0 值是明显不对的　　　　B. β_1 值是明显不对的
    C. β_0 值和 β_1 值都是不对的　　D. β_0 值和 β_1 值都是正确的

27. 在回归分析中，自变量同因变量的地位不同，在变量 x 与 y 中，y 依 x 回归同 x 依 y 回归是（　　）。
    A. 同一个问题
    B. 有联系但意义不同的问题
    C. 一般情况下是相同的问题
    D. 是否相同，视两相关变量的具体内容而定

28. 在回归分析中，要求对应的两个变量（　　）。
    A. 都是随机变量　　　　　　B. 是对等关系
    C. 不是对等关系　　　　　　D. 都不是随机变量

29. 寻找一个随机变量与一个（或几个）可控变量之间关系的数学表达式的

统计方法称为(　　)。
　　A. 一元回归分析　　　　　　B. 多元回归分析
　　C. 列联分析　　　　　　　　D. 回归分析
30. 根据回归方程$\hat{y}=a+bx$,下列说法正确的是(　　)。
　　A. 只能由变量x去预测变量y
　　B. 只能由变量y去预测变量x
　　C. 可以由变量x去预测变量y,也可以由变量y去预测变量x
　　D. 能否相互预测,取决于变量x和变量y之间的因果关系
31. 在回归直线$\hat{y}=a+bx$中,b表示(　　)。
　　A. 当x增加一个单位时,y增加a的数量
　　B. 当y增加一个单位时,x增加b的数量
　　C. 当x增加一个单位时,y的平均增加量
　　D. 当y增加一个单位时,x的平均增加量
32. 假设某品牌手机市场需求只与消费者的收入和手机价格有关,则在手机价格不变的情况下,手机的需求与消费者收入的相关关系就是(　　)。
　　A. 单相关　　　　　　　　　B. 复相关
　　C. 偏相关　　　　　　　　　D. 函数关系
33. 相关图又称(　　)。
　　A. 折线图　　　　　　　　　B. 曲线图
　　C. 散点图　　　　　　　　　D. 散布表

二、多项选择题

1. 下列现象中属于相关关系的有(　　)。
　　A. 压力与压强　　　　　　　B. 现代化水平与劳动生产率
　　C. 圆的半径与圆的面积　　　D. 身高与体重
　　E. 机械化程度与农业人口
2. 相关关系与函数关系各有不同的特点,主要体现在(　　)。
　　A. 相关关系是一种不严格的互相依存关系
　　B. 函数关系可以用一个数学表达式精确表达
　　C. 函数关系中各现象均为确定性现象
　　D. 相关关系是现象之间具有随机因素影响的依存关系
　　E. 相关关系中现象之间仍可以通过大量观察法来寻求其变化规律
3. 在一定条件下,销售额与流通费用率存在相关关系,这种相关关系属于

( )。

  A. 正相关 B. 单相关 C. 负相关 D. 复相关 E. 完全相关

4. 在直线相关和回归分析中( )。

  A. 据同一资料,相关系数只能计算一个

  B. 据同一资料,相关系数可以计算两个

  C. 据同一资料,回归方程只能配合一个

  D. 据同一资料,回归方程随自变量与因变量的确定不同,可能配合两个

  E. 回归方程和相关系数均与自变量和因变量的确定无关

5. 相关系数 r 的数值( )。

  A. 可为正值   B. 可为负值

  C. 可大于 1   D. 可等于 -1

  E. 可等于 1

6. 相关系数 $r=0.9$,这表明现象之间存在( )。

  A. 高度相关关系   B. 低度相关关系

  C. 低度负相关关系   D. 高度正相关关系

  E. 低度正相关关系

7. 配合直线回归方程是为了( )。

  A. 确定两个变量之间的变动关系 B. 用因变量推算自变量

  C. 用自变量推算因变量   D. 两个变量相互推算

  E. 确定两个变量间的相关程度

8. 在直线回归分析中,确定直线回归方程的两个变量必须是( )。

  A. 一个自变量,一个因变量 B. 均为随机变量

  C. 对等关系   D. 一个随机变量,一个可控制变量

  E. 不对等关系

9. 直线相关分析的特点有( )。

  A. 两个变量是对等关系

  B. 只能算出一个相关系数

  C. 相关系数有正负号,表示正相关或负相关

  D. 相关的两个变量必须都是随机的

  E. 回归方程有两个

10. 从变量之间相互关系的表现形式看,相关关系可分为( )。

  A. 正相关   B. 负相关

  C. 直线相关   D. 曲线相关

E. 不相关和完全相关

11. 直线相关分析与直线回归分析的区别在于(　　)。
    A. 相关分析的两个变量都是随机的,而回归分析中自变量是给定的数值,因变量是随机的
    B. 回归分析中的两个变量都是随机的,而相关分析中的自变量是给定的数值,因变量是随机的
    C. 相关系数有正负号,而回归系数只能取正值
    D. 相关分析的两个变量是对等关系,而回归分析中的两个变量不是对等关系
    E. 相关分析中根据两个变量只能计算出一个相关系数,而回归分析中根据两个变量只能配合一个回归方程

12. 确定直线回归方程必须满足的条件是(　　)。
    A. 现象之间存在着直接因果关系
    B. 现象之间存在着较密切的直线相关关系
    C. 相关系数必须等于1
    D. 两变量必须均属于随机变量
    E. 相关数列的项数必须有相应的数量

13. 下列关系是相关关系的有(　　)。
    A. 圆的半径长度和周长的关系
    B. 农作物收获和施肥量的关系
    C. 商品销售额和利润率的关系
    D. 产品产量与单位成品成本的关系
    E. 家庭收入多少与消费支出增长的关系

14. 直线回归方程 $y=\beta_0+\beta_1 x$ 中的 β_1 称为回归系数,回归系数的作用是(　　)。
    A. 可确定两变量之间因果的数量关系
    B. 可确定两变量的相关方向
    C. 可确定两变量相关的密切程度
    D. 可确定因变量的实际值与估计值的变异程度
    E. 可确定当自变量增加一个单位时,因变量的平均增加量

15. 相关系数与回归系数的关系为(　　)。
    A. 回归系数大于0,则相关系数大于0
    B. 回归系数小于0,则相关系数小于0
    C. 回归系数大于0,则相关系数小于0

D. 回归系数小于0,则相关系数大于0

E. 回归系数等于0,则相关系数等于0

16. 设产品的单位成本(元)对产量(百件)的直线回归方程为 $y_c = 78 - 1.92x$,这表示(   )。

A. 产量每增加100件,单位成本平均下降1.92元

B. 产量每减少100件,单位成本平均下降1.92元

C. 产量与单位成本按相反方向变动

D. 产量与单位成本按相同方向变动

E. 当产量为200件时,单位成本为74.16元

17. 测定现象之间有无相关关系的方法有(   )。

A. 对现象做定性分析   B. 编制相关表

C. 绘制相关图   D. 计算相关系数

E. 计算估计标准误差

三、简答题

1. 什么是相关关系?相关关系有何特点?该如何度量?

2. 简述相关关系的种类。

3. 相关分析的主要内容包括哪些?

4. 试给出测定变量相关关系的常用方法。

5. 简述积矩相关系数检验的步骤。

6. 简述相关分析与回归分析的区别与联系。

7. 什么是估计标准误差?它有何作用?

8. 以一元线性回归方程为例,简述回归系数显著性检验的主要步骤。

9. 简述非线性线性化的常用方法。

10. 一元线性回归中两变量的样本相关系数、回归系数斜率项的估计值和回归模型的判定系数的关系如何?

11. 函数关系和相关关系之间的区别是什么?

12. 构造直线回归模型应具备哪些条件?

四、计算题

1. 某地2008~2019年人均收入和耐用消费品销售额资料如下:

年份	人均收入 x(万元)	耐用消费品销售额 y(万元)
2008	3.0	80
2009	3.2	82
2010	3.4	85
2011	3.5	90
2012	3.8	100
2013	4.0	120
2014	4.5	140
2015	5.2	145
2016	5.3	160
2017	5.5	180
2018	5.7	208
2019	5.9	219

要求：

(1) 根据以上简单相关表的资料，绘制相关散点图，并判别相关关系的表现形式和方向。

(2) 试以耐用消费品销售额为因变量、人均收入为自变量进行回归分析(包括相关的检验)。

2. 某地区 33 年中的个人储蓄及个人收入资料如下：

(单位:元)

储蓄	收入	储蓄	收入	储蓄	收入
264	8777	898	16730	2017	27430
105	9210	950	17663	2105	29560
90	9954	779	18575	1600	28150
131	10508	819	19535	2250	32100
122	10979	1222	21163	2420	32500
107	11912	1702	22880	2570	35250
406	12747	1578	24127	1720	33500
503	13499	1654	25604	1900	36000

第八章　相关和回归分析

续表

储蓄	收入	储蓄	收入	储蓄	收入
431	14269	1400	26500	2100	36200
588	15522	1829	27670	2300	38200
898	16730	2200	28300	4333	46733

利用给定的资料,建立一元线性回归模型,进行回归分析。

3. 考察 2018 年中国各地区可支配收入和消费性支出之间的关系,数据如下:

(单位:元)

地区	消费性支出	可支配收入	地区	消费性支出	可支配收入
北京	39842.7	62361.2	四川	17663.6	22460.6
天津	29902.9	39506.1	贵州	13798.1	18430.2
河北	16722.0	23445.7	云南	14249.9	20084.2
山西	14810.1	21990.1	西藏	11520.2	17286.1
内蒙古	19665.2	28375.7	陕西	16159.7	22528.3
辽宁	21398.3	29701.4	湖北	19537.8	25814.5
吉林	17200.4	22798.4	湖南	18807.9	25240.7
黑龙江	16994.0	22725.8	广东	26054.0	35809.9
上海	43351.3	64182.6	广西	14934.8	21485.0
江苏	25007.4	38095.8	海南	17528.4	24579.0
浙江	29470.7	45839.8	重庆	19248.5	26385.8
安徽	17044.6	23983.6	甘肃	14624.0	17488.4
福建	22996.0	32643.9	青海	16557.2	20757.3
江西	15792.0	24079.7	宁夏	16715.1	22400.4
山东	18779.8	29204.6	新疆	16189.1	21500.2
河南	15168.5	21963.5			

摘自《中国统计年鉴 2019》

要求:
(1) 以可支配收入为自变量,消费性支出为因变量,试用最小二乘法确定回归方程,并就各地区可支配收入计算消费性支出的估计量。

(2) 对方程的拟合情况进行诊断并解释各参数的经济意义。(显著性水平取 0.05)

4. 下面所列是 2018 年全国城镇居民平均每年全部可支配收入和食品烟酒支出,请分析两者之间的关系,建立对数线性模型,作出残差图。

(单位:元)

地区	食品烟酒支出	可支配收入	地区	食品烟酒支出	可支配收入
北京	8576.9	67989.9	四川	7571.0	33215.9
天津	9420.8	42976.3	贵州	5604.8	31591.9
河北	5555.6	32977.2	云南	5845.8	33487.9
山西	4702.6	31034.8	西藏	8975.0	33797.4
内蒙古	6583.5	38304.7	陕西	5928.7	33319.3
辽宁	7081.1	37341.9	湖北	6737.5	34454.6
吉林	5563.8	30171.9	湖南	6848.9	36698.3
黑龙江	5630.1	29191.3	广东	9780.2	44341.0
上海	11103.9	68033.6	广西	6180.4	32436.1
江苏	7686.7	47200.0	海南	8184.7	33348.7
浙江	9370.7	55574.3	重庆	7597.5	34889.3
安徽	6672.1	34393.1	甘肃	6491.3	29957.0
福建	9000.7	42121.3	青海	6351.2	31514.5
江西	6232.6	33819.4	宁夏	5374.4	31895.2
山东	6528.8	39549.4	新疆	6899.7	32763.5
河南	5399.5	31874.2			

摘自《中国统计年鉴 2019》

5. 某企业某种产品产量与单位成本资料如下:

月 份	1	2	3	4	5	6
产量(千件)	2	3	4	3	4	5
单位成本(元/件)	73	72	71	73	69	68

要求:
(1) 计算相关系数,说明相关程度。
(2) 确定单位成本对产量的直线回归方程,指出产量每增加 1000 件时,单位成本平均下降多少元?
(3) 如果单位成本为 70 元,产量应为多少?
(4) 计算估计标准误差。

6. 根据某公司下属 10 个企业生产性固定资产价值(x)和总产值(y)资料计算出如下数据:

$$\sum x = 6525, \quad \sum y = 9801, \quad \sum xy = 7659156, \quad \sum x^2 = 5668539$$

试建立总产值 y 与生产性固定资产价值 x 变化的直线回归方程,并解释参数的经济意义。(要求写出公式和计算过程,结果保留两位小数)

7. 某地区家计调查资料得到,每户平均年收入为 58800 元,方差为 8464 元,每户平均年消费支出为 32000 元,均方差为 80 元,支出对于收入的回归系数为 0.8。

要求:
(1) 计算收入与支出的相关系数。
(2) 拟合支出对收入的回归方程。
(3) 收入每增加 1 元,支出平均增加多少元?

习题参考答案

一、单项选择题

1. B 2. B 3. D 4. A 5. D 6. A 7. C 8. A 9. B 10. A 11. A
12. B 13. B 14. C 15. A 16. C 17. D 18. D 19. D 20. A 21. A
22. B 23. B 24. C 25. A 26. B 27. B 28. C 29. D 30. A 31. C
32. C 33. C

二、多项选择题

1. BDE 2. ABCDE 3. BC 4. AD 5. ABDE 6. AD 7. AC 8. ADE
9. ABCD 10. CD 11. AD 12. ABE 13. BCDE 14. ABE 15. ABE 16. ACE
17. ABCD

三、简答题

1. 概念:相关关系是变量之间的一种不确定的关系,它是相对于函数关系而言的,例如学生的学习成绩与学习时间的长短有一定关系,但学习时间并不是决定学生学习成绩的唯一因素。

特点:首先它们都反映变量之间的不确定关系的程度与方向,数值的正负反映相关的方向,而大小反映了相关的程度。其次,相关系数的取值始终在-1与1之间。其三,对于两个变量,它们之间的相关系数受样本观测值的影响,在不同的样本数据下,计算的结果可能不同。因而存在着变量之间相关程度的检验问题,只有通过显著性检验的相关系数才能真正说明变量之间具有相关关系。此外,相关关系度量的是变量之间的线性相关程度,如果相关系数为0,排除的只是变量之间没有线性关系,但不排除变量之间可能存在着其他非线性关系。

度量:对于两个变量之间的线性关系通常使用变量的样本资料来计算相关系数,包括反映定量变量的积矩相关系数 r 和反映定性变量的等级相关系数 r_s,假设我们有 n 组两个变量的观察值 (x_i, y_i),$i=1,2,\cdots,n$,则它们的计算公式分别为

$$r = \frac{\sum_{i=1}^{n}(x_i - \bar{x})(y_i - \bar{y})}{\sqrt{\sum_{i=1}^{n}(x_i - \bar{x})^2 \sum_{i=1}^{n}(y_i - \bar{y})^2}}$$

$$r_s = 1 - \frac{6\sum_{i=1}^{n} d_i^2}{n(n^2 - 1)}$$

式中,d_i 为变量相同观测对应的等级差。

2. 相关关系的分类因分类的标准不同而有不同的分类结果:
(1) 从相关的方向上,可以分为正相关和负相关。
(2) 从相关的表现形式上,可以分为线性相关和非线性相关。
(3) 从包含的变量的个数上,可以分为简单相关和复相关。
(4) 从相关的程度上,可以分为完全相关、不完全相关和完全不相关。

3. 相关分析的主要内容包括两个方面:测定变量相关分析的方向和相关程度。一般首先采用定性分析的方法对变量之间是否具有相关关系进行判断,如果它们具有相关关系,再采用一些分析手段进行分析,如相关表、相关图、相关系数等。

4. 测定相关关系的主要方法有相关表和相关图,这两种方法具有直观简便

第八章 相关和回归分析

的特点,能够反映出两个变量的相关方向,也能在一定程度上反映相关的程度。相关系数法,常用的相关有变量之间的积矩相关系数和等级相关系数,其中积矩相关系数主要适用于定距和定比变量,而等级相关系数主要用于有序变量,相关系数的大小反映变量之间的相关程度,而正负反映了相关的方向。

5. 积矩相关系数检验的步骤如下:

(1) 建立假设。假设样本是从一个不相关的总体中抽取出来的,即假设为
$$H_0: \rho = 0, \quad H_1: \rho \neq 0$$

(2) 根据样本资料计算样本相关系数 r。

(3) 构造检验的统计量,这里使用的统计量为 $t = |r|\sqrt{\dfrac{n-2}{1-r^2}}$,在原假设成立的情况下有 $t \sim t(n-2)$。

(4) 根据给定的显著性水平 α,查 t 分布表,得到临界值 $t_{\alpha/2}(n-2)$。

(5) 给出检验结论:如果有 $t > t_{\alpha/2}(n-2)$,则拒绝原假设,接受备择假设,即两个总体的相关系数不为零,反之亦然。

6. 相关分析和回归分析都是用来分析变量之间的关系的,但两者不是等同的,主要区别如下:

(1) 在对变量的要求上,相关分析的对象是两个随机变量,而回归分析有一个随机变量,称为因变量或被解释变量,还有一个或几个作为解释因变量的解释变量。

(2) 在变量之间的关系上,相关分析中两个随机变量的地位是对等的,而且只要计算一个相关系数即可;而回归分析中,变量的地位是不等的,一个处于解释位置,另一个处于被解释位置。

(3) 在使用条件上,对于任意两个随机变量都可以通过抽样来计算它们的相关系数,但对于回归分析而言,即使两个变量具有很高的相关性,但没有因果关系,仍然不能建立回归模型,否则会出现伪回归现象,而且随着研究目的的变化,如果同样的两个变量具有双向因果关系,则可以建立两个回归建模。

(4) 在分析手段上,相关分析主要通过相关图、相关表和相关系数来衡量变量之间的相关程度和相关方向,但无法反映一个变量的变动对另一个变量影响的具体程度;而回归分析是通过构建模型,当模型通过检验以后,就可以利用模型来分析变量之间的变动关系和程度。

当然,相关分析和回归分析也有联系,这种联系集中体现在:相关分析是回归分析的基础,而回归分析是相关分析的延续与深化。

特别地,对于一元线性回归分析,样本相关系数与回归系数具有一定的转化

关系,在检验上也有一定的关系。

7. 估计标准误差是检验回归方程的拟合优度、测定因变量 y 的实际观测值和估计值离差一般水平的分析指标,在一元线性回归分析中,估计标准误差的计算公式为

$$s_y = \sqrt{\frac{\sum_{i=1}^{n}(y_i - \hat{y}_i)^2}{n-2}}$$

式中,$\hat{y}_i = a + bx_i$ 为估计值。从表达式可以看出,它是直接从实际观测值偏离回归直线的整体情况来衡量回归方程的拟合程度的,估计标准误差越小,则回归直线的拟合程度就越高,从而使用这样的回归方程来预测,效果就越好,反之亦然。

8. 对于一元线性回归模型而言,一般的回归系数检验的步骤如下:

(1) 提出假设。$H_0: \beta_1 = 0, H_1: \beta_1 \neq 0$。

(2) 选择合适的检验统计量。这里使用 $t = \frac{b_1}{\text{se}(b_1)} \sim t(n-2)$,式中,$\text{se}(b_1)$ 表示 b_1 的标准误差。

(3) 计算检验统计量的值 $|t| = \left|\frac{b_1}{\text{se}(b_1)}\right|$。

(4) 对于给定的显著性水平 α,查表得到临界值 $t_{\alpha/2}(n-2)$。

(5) 给出检验的结论:若有 $|t| > t_{\alpha/2}(n-2)$,则拒绝原假设而接受备择假设,即回归系数 β_1 在显著性水平 α 下与零有显著差异,反之亦然。

9. 实际现象中遇到的变量之间的关系往往呈现出非线性关系,所以线性回归模型的分析方法不能直接使用到非线性回归模型中,所以需要对非线性模型进行线性化,当然也可以对非线性模型直接进行回归分析,不过这个过程比较复杂,而实际中遇到的非线性模型可以通过变化得到线性模型,常用的方法有:

(1) 直接变化法。这种方法直接使用新变量替代原来的变量,使非线性模型转化为线性模型,如下列非线性模型:

$$y = \beta_0 + \beta_1 \frac{1}{x} + \varepsilon, \quad y = \beta_0 + \beta_1 \ln x + \varepsilon, \quad \ln y = \beta_0 + \beta_1 \ln x + \varepsilon$$

这类模型的特点是:模型本身对回归系数是线性的,而对模型的变量是非线性的,所以可以使用新变量代替,可以得到线性模型,回归系数一般在变化前后保持一致,如上述三个模型可以分别令 $x^* = \frac{1}{x}, x' = \ln x, y^* = \ln y$,从而模型分别变为

$$y = \beta_0 + \beta_1 x^* + \varepsilon, \quad y = \beta_0 + \beta_1 x' + \varepsilon, \quad y^* = \beta_0 + \beta_1 x' + \varepsilon$$

（2）间接变化法。这种方法通常要对原模型的变量进行数据变化，如取对数等，然后再使用直接变换的方法，同时在这个过程中往往还要对回归系数进行替换，如下列模型：

$$y = \beta_0 x^{\beta_1} e^{\varepsilon}, \quad y = \beta_0 \beta_1^x e^{\varepsilon}$$

对于上述两个模型，首先取对数得到：

$$\ln y = \ln \beta_0 + \beta_1 \ln x + \varepsilon, \quad \ln y = \ln \beta_0 + \ln \beta_1 x + \varepsilon$$

分别令 $y^* = \ln y, \beta_0^* = \ln \beta_0, x^* = \ln x, \beta^* = \ln \beta_1$，则可以得到线性模型为

$$y^* = \beta_0^* + \beta_1 x^* + \varepsilon, \quad y^* = \beta_0^* + \beta^* x + \varepsilon$$

当使用最小二乘法估计出参数以后，再反变换得到原始的参数的估计值，上述例子就有

$$\beta_0 = e^{\beta_0^*}, \quad \beta_1 = e^{\beta_1^*}$$

这种变换的特点是：模型对参数不是线性的，在实施变换时，变量和参数都要同时进行替换。

10. 假设考察两个变量为 x 和 y，现抽取一组样本观察值 $(x_i, y_i), i=1,2,\cdots,n$，则样本相关系数的计算公式为

$$r = \frac{\sum_{i=1}^{n}(x_i - \bar{x})(y_i - \bar{y})}{\sqrt{\sum_{i=1}^{n}(x_i - \bar{x})^2 \sum_{i=1}^{n}(y_i - \bar{y})^2}} = \frac{l_{xy}}{\sqrt{l_{xx} l_{yy}}}$$

如果建立以 x 为解释变量、y 为被解释变量的线性回归模型，则回归系数 β_1 的估计值 b_1 为

$$b_1 = \frac{\sum_{i=1}^{n}(x_i - \bar{x})(y_i - \bar{y})}{\sum_{i=1}^{n}(x_i - \bar{x})^2} = \frac{l_{xy}}{l_{xx}}$$

回归模型的判定系数为

$$R^2 = b_1 \frac{\sum_{i=1}^{n}(x_i - \bar{x})(y_i - \bar{y})}{\sum_{i=1}^{n}(y_i - \bar{y})^2} = \frac{l_{xy}^2}{l_{xx} l_{yy}}$$

式中，$l_{xy} = \sum_{i=1}^{n}(x_i - \bar{x})(y_i - \bar{y}), l_{xx} = \sum_{i=1}^{n}(x_i - \bar{x})^2, l_{yy} = \sum_{i=1}^{n}(y_i - \bar{y})^2$。显然有下列关系式：

$$b_1 = r\sqrt{\frac{l_{yy}}{l_{xx}}}, \quad R^2 = r^2, \quad R^2 = b_1 \frac{l_{xy}}{l_{yy}}$$

从而三者具有一定的转换关系;另外在检验上,相关系数检验使用 t 检验,回归系数 β_1 的显著性也使用 t 检验,判定系数 R^2 检验使用 F 检验,但由于有 $F(1,n) = t^2(n)$,所以三者在检验上也是等价的,只要有一个通过检验,那么另外两个也通过检验。

11. 函数关系与相关关系的区别在于:① 函数关系是现象(变量)之间客观存在的确定性的数量对应关系,相关关系是现象(变量)之间客观存在的非确定性的数量对应关系;② 函数关系中自变量与因变量的对应关系是一对一或多对一的,而相关关系中自变量与因变量的关系是一对多的。

12. (1) 在定性分析的基础上进行定量分析,是正确运用回归分析的必要条件。构造直线回归方程,首先要通过理论分析判断,对确有因果关系或密切相关关系的变量,确定自变量和因变量。

(2) 具有足够的样本数据。

(3) 数据分析表明,因变量与自变量具有显著的线性相关关系。

(4) 拟合直线回归方程要找出合适的参数 a 和 b,使所确定的回归方程能够达到实际的 y 值与对应的理论值 y_c 的离差平方和为最小值。即:$Q = \sum(y-y_c)^2 = \sum(y-a-bx)^2 =$ 最小值。

四、计算题

1. 利用 Excel 绘制人均收入和耐用消费品的散点图,如下图所示。

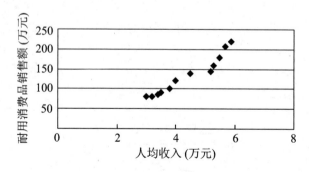

由下图可知,两者具有较强的线性关系,且相关的方向为正向关系;再通过 Excel 进行两者的回归分析,得到的结果如下:

方差分析表

	df	SS	MS	F	Significance F
回归分析	1	25391.42	25391.42	161.9866	1.67658E-07
残差	10	1567.501	156.7501		
总计	11	26958.92			

参数估计表

	Coefficients	标准误差	t Stat	P-value
Intercept	-66.2897	16.15297	-4.10387	0.002131
X Variable 1	45.36747	3.564552	12.7274	1.68E-07

其中，上面第一个表为方差分析表，检验概率显示回归方程线性拟合非常好，通过了 F 检验；第二个表为参数估计表，根据表中的结果可以得到回归方程为

$$y = -66.2897 + 45.36747x$$

表中最后一列是参数检验的检验概率，检验结果表明回归系数是高度显著非零，通过检验。

2. 建立以收入为自变量 x、储蓄为因变量 y，通过 Excel 进行两者的回归分析，得到的结果如下：

方差分析表

	df	SS	MS	F	Significance F
回归分析	1	18547573	18547573	310.6814	2.23908E-17
残差	30	1790990	59699.66		
总计	31	20338563			

参数估计表

	Coefficients	标准误差	t Stat	P-value
Intercept	-637.673	114.915	-5.54909	4.94E-06
X Variable 1	0.084389	0.004788	17.62616	2.24E-17

方差分析表表明，回归方程的线性拟合程度很好，检验概率高度显著；由参数估计表得到的回归方程为

$$y = -637.673 + 0.084389x$$

表中最后一列的检验概率说明回归系数通过显著性检验,回归方程拟合非常好。

3. 通过 Excel 计算得到的结果如下:

方差分析表

	df	SS	MS	F	Significance F
回归分析	1	1.53E+09	1.53E+09	1199.283	3.82E-25
残差	29	37041610	1277297		
总计	30	1.57E+09			

参数估计表

	Coefficients	标准误差	t Stat	P-value
Intercept	2372.623	546.032	4.345209	0.000156
X Variable 1	0.623242	0.017997	34.63066	3.82E-25

方差分析表的检验概率表明,回归方程通过 F 检验,回归方程线性关系成立。由参数估计表得到的回归方程为

$$y = 2372.623 + 0.6232x$$

参数检验表明,截距项和斜率项系数均通过检验。使用上述的回归,结果得到消费支出的估计量值如下:

观测值	预测 Y	残差
1	41238.75	−1396.05
2	26994.49	2908.413
3	16984.97	−262.97
4	16077.78	−1267.68
5	20057.55	−392.353
6	20883.79	514.5147
7	16581.55	618.8548

续表

观测值	预测 Y	残差
8	16536.3	457.7022
9	42373.92	977.3798
10	26115.53	−1108.13
11	30941.92	−1471.22
12	17320.21	−275.612
13	22717.68	278.3249
14	17380.11	−1588.11
15	20574.16	−1794.36
16	16061.2	−892.7
17	16371.01	1292.586
18	13859.1	−60.9992
19	14889.94	−640.042
20	13146.05	−1625.85
21	16413.21	−253.508
22	18461.31	1076.494
23	18103.69	704.2106
24	24690.86	1363.14
25	15762.98	−828.179
26	17691.29	−162.89
27	18817.36	431.1361
28	13272.13	1351.87
29	15309.45	1247.754
30	16333.49	381.6051
31	15772.45	416.6477

各个参数的经济意义描述为：截距项表示基本支出，而斜率项是边际消费倾向。

4. 根据题目的要求建立回归模型，根据参数估计的结果得到回归方程如下：
$$\ln y = 1.247606 + 0.722503 \ln x$$

方差分析表的 F 检验表明回归方程线性成立，参数检验表明截距项系数没有通过检验，而斜率项通过检验。

方差分析表

	df	SS	MS	F	Significance F
回归分析	1	0.74639	0.74639	37.55548	1.12E-06
残差	29	0.576356	0.019874		
总计	30	1.322746			

参数估计表

	Coefficients	标准误差	t Stat	P-value
Intercept	1.247606	1.239688	1.006387	0.322553
X Variable 1	0.722503	0.117897	6.128253	1.12E-06

利用 Excel 得到残差图如下所示。

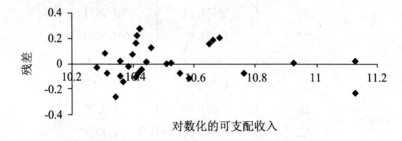

5. (1) 利用 Excel 得到两者的相关系数为 -0.90909。
(2) 利用 Excel 得到的回归结果如下：

第八章 相关和回归分析

方差分析表

	df	SS	MS	F	Significance F
回归分析	1	18.18182	18.18182	19.04762	0.012021037
残差	4	3.818182	0.954545		
总计	5	22			

参数估计表

	Coefficients	标准误差	t Stat	P-value
Intercept	77.36364	1.511663	51.17784	8.72E-07
X Variable 1	−1.81818	0.416598	−4.36436	0.012021

$$y = 77.36364 - 1.81818x$$

检验结果表明:无论是回归方程的线性检验还是回归系数的显著性检验都通过了。由回归方程得到产量每增加 1000 件,单位平均成本平均降低 1.81818 元。

(3) 以单位成本为 70 代入回归方程,得到 $70 = 77.36364 - 1.81818 \times x \Rightarrow x = 4.05$(千件)。

(4) 由 Excel 结果计算回归标准误差 $= \sqrt{\dfrac{3.8181882}{6-2}} = 0.977$。

6. 设直线回归方程为 $y_c = a + bx$,则

$$b = \dfrac{n\sum xy - \sum x \sum y}{n\sum x^2 - (\sum x)^2} = \dfrac{10 \times 7659156 - 6525 \times 9801}{10 \times 5668539 - 6525^2} = 0.90$$

$$a = \bar{y} - b\bar{x} = \dfrac{9801}{10} - \dfrac{6525}{10} \times 0.90 = 392.85$$

所以直线回归方程为

$$y_c = 392.85 + 0.90x$$

参数 $b = 0.9$ 表示生产性固定资产每增加 1 元,总产值将增加 0.9 元;参数 $a = 392.85$ 表示总产值的起点值。

7. 设年收入为 x,年消费支出为 y,由题可知,$\bar{x} = 58800$(元),$\sigma_x^2 = 8464$,$\bar{y} = 32000$(元),$\sigma_y = 80$(元),$b = 0.8$。

(1) 计算相关系数:

$$r = b\frac{\sigma_x}{\sigma_y} = 0.8 \times \frac{\sqrt{8464}}{80} = 0.92$$

(2) 设直线回归方程为 $y_c = a + bx$，则

$$a = \bar{y} - b\bar{x} = 32000 - 0.92 \times 58800 = -22096$$

所以，支出对收入的回归方程为

$$y_c = -22096 + 0.8x$$

(3) 当收入每增加 1 元时，支出平均增加 0.8 元。

第九章 统计综合分析与统计分析报告

〖学习辅导〗

一、本章学习目的与要求

(1) 理解统计综合分析的意义及其特征。
(2) 了解结构差异的显著性比较。
(3) 掌握统计综合评价的步骤。
(4) 重点掌握评价指标体系的建立,确定统一量纲的方法,重要性权数的确定方法及综合评价指标的合成方法。
(5) 学会撰写统计分析报告。

二、本章内容提要

(一) 统计综合分析的特征

统计综合分析是指根据分析研究的目的,在科学理论的指导下,以客观统计资料为依据,结合具体实际情况,运用定性分析与定量分析相结合的方法,对社会经济现象总体进行系统的分析研究的一种研究活动。

统计综合分析的特征之一就是应用统计方法。统计方法是以总体现象的数量关系为对象的一类特殊科学研究方法的总称,从应用的角度可分为经验方法和数理统计方法。

从数量入手,结合情况进行分析是统计综合分析的又一个重要特征。统计综合分析的实质就是一种以统计资料为主要依据的定量分析。

多种方法的结合运用是统计综合分析的另一特征。一种统计分析方法只能对社会经济现象总体的某一个侧面进行研究,探讨现象的一种关系,因此必须综合运用多种分析方法,以达到从多个方面对社会经济现象的全面认识。

(二) 统计分析的步骤

统计分析主要有以下几个步骤:

1. 选题

选题是通过对客观现象的观察,或通过对统计资料的初步分析,选择出所要研究的对象,确定研究目的和范围,规划主题思想和基本内容。选题是人们对客观现象认识中已知领域和未知领域的连接点。选题立项一般应考虑以下原则:第一,价值性原则,即选题要有实用价值和社会价值。第二,可行性原则,即分析者是否有相应的知识,是否对被研究现象有足够多的了解,是否能够获得相应的资料。

2. 拟定分析提纲,建立统计分析指标体系

分析提纲是统计分析前的一种设想,通过分析提纲的拟定,可以节省统计分析工作的时间,提高分析质量,有利于统计分析工作有序进行。

建立统计指标体系的过程实际上往往是对指标的选择过程。选择指标的方法有很多,可以分为两类,一类是定性方法,常用且效果较好的方法是专家评判法;另一类是定量方法,常用的方法是试算法。也可以通过计算指标间的相关系数对指标进行选择,并借助系统聚类法来实现。

3. 搜集与整理资料

除了统计资料之外,会计资料及其他一些与分析对象相关的专业资料都可以作为统计分析的资料,一些定性资料也可以用于统计分析。

4. 选择模型,进行分析研究

统计分析就是利用诸如分组法、因素法、指数法、动态分析法、抽样法等统计特有的分析方法,对现象的各个方面进行系统的、全面的研究。并在分析的基础上进行综合考虑,提出解决问题的建议。

5. 撰写统计分析报告

用简洁明确的文字对研究过程、结果及其建议进行叙述,从而说明客观现实的一种文章。

(三) 统计比较分析

1. 统计比较分析的实质

所谓统计比较分析,就是将统计指标所反映现象的实际规模水平与有关标准(包括时间标准、空间标准、经验标准等)进行比较对照,计算出数量上的差别和变化,并在此基础上做出评价和判断。

第九章 统计综合分析与统计分析报告

2. 统计比较分析的种类

根据不同的分类标准划分不同的种类。按比较的时间状况不同可分为静态比较和动态比较;按比较的方式不同可分为相对比较和相差比较;按说明对象的范围不同可分为单项比较和综合比较。

3. 结构差异的比较分析

结构差异的比较分析,即研究结构是否存在明显的差异,这是比较分析应用的重要方面。旨在通过现象结构的变化,反映总体内部各要素之间以及各要素与总体之间关系的总和。一般借助统计假设检验方法对其进行研究。

统计假设检验方法应用于对结构问题的研究,其特点在于:它能够根据人们对显著性的要求来说明我们所研究的结构变化是否显著,以及有多大的把握认为是显著的。较为适宜进行总体结构对比分析的假设检验方法有 χ^2 检验和 $K\text{-}S$ 检验。下面介绍 χ^2 检验。

第一步,建立假设。

原假设 H_0:结构不存在明显差异。

选择假设 H_1:结构存在明显差异。

第二步,给定显著性水平 α,查 χ^2 分布表得出其临界值。

第三步,根据公式 $\chi^2 = \sum \dfrac{(I_{1i} - I_{0i})^2}{I_{0i}}$,计算 χ^2 统计量。

式中,I_{0i} 表示基期第 i 组的比重数;I_{1i} 表示报告期第 i 组的比重数。

第四步,进行比较判别,得出结论。

若 $\chi^2 < \chi^2_{\alpha, k-1}$,接受 H_0,拒绝 H_1;若 $\chi^2 > \chi^2_{\alpha, k-1}$,拒绝 H_0,接受 H_1。

(四)统计综合评价的意义与特点

1. 统计综合评价的意义

所谓统计综合评价,是指利用社会经济现象总体的指标体系,结合各种资料,构建综合评价模型,通过数量的比较、计算,求得综合评价值,对被评对象做出明确的评判和排序的一种统计分析方法。进行统计综合评价,其目的在于通过将反映现象不同方面的指标值加以综合,获得对现象整体性的认识,进而对不同地区或单位之间的综合评价结构进行比较和排序。

2. 统计综合评价的特点

与传统的简单比较方法相比,综合评价具有以下主要特点:

(1)综合性。评价过程不是一个指标一个指标顺次完成的,而是通过一些特殊的方法将多个指标的评价同时完成的。因此具有综合性。

(2) 科学性。它不同于对每一个评价指标一律平等看待的传统评价过程，在综合评价过程中，一般要根据指标在评价体系中的重要性而赋予其不同的权数，然后进行加权处理。因此具有科学性。

(3) 明晰性。最终的评价结果不再是具有具体经济含义的统计指标，而是以指数或分值的形式表示参评单位"综合状况"的排序。因此其评价结论也更具明晰性。

（五）统计综合评价的具体步骤

统计综合评价一般包括的步骤及具体做法如下：

1. 选择评价指标，建立完整的评价指标体系

这是统计综合评价的基础和依据。评价指标的选择方法可分为两类，一类是定性的方法，常用的是德尔菲法。另一类是定量的方法，常用的有试算法和系统聚类法。这里介绍系统聚类法。

系统聚类法是通过判断指标之间的亲疏程度来筛选指标的一种方法。具体做法为：若有 n 个指标，首先将每个指标看作一类，根据历史资料计算两两指标间的相关系数 r_{ij}，根据指标间的相似程度计算类间距离 $d_{ij}=1-|r_{ij}|$。然后依据类间距离进行并类，第一次将距离最近的两类加以合并，余下 $n-1$ 类，再选择距离最近的两类加以合并，这样每合并一次，就减少一类，继续这一过程，直到将所有指标合并成一类为止，形成由大到小的分类系统，将整个分类结果绘成聚类图，反映各个指标之间的亲疏关系。最后，根据评价指标体系中拟包含的 $n_i(n_i<n)$ 个指标，从聚类图确定选取哪些指标作为评价指标。

当然，建立统计指标体系要遵循一定的原则。这些原则包括：首先，要注意指标体系的全面性和系统性。全面性是指指标的选择应尽可能从不同的角度反映分析对象的全貌。系统性是指进入指标体系的各个单独指标之间要具有相互验证的逻辑关系。其次，要保持评价指标体系的简洁性。并不是要求进入评价体系的指标越多越好。最后，要注意指标的敏感性和可行性。敏感性是指选取的指标应能比较敏感地反映分析对象的变化。可行性是指设置的指标不仅在理论上是合理的，而且在资料的获得上应该是可行的。

2. 搜集数据资料，进行同度量处理，以消除量纲的影响

在指标体系确定后，由于各个评价指标有不同的量纲，因而无法予以综合汇总，因此对选择的评价指标要进行同度量处理。常用的处理方法有功效系数法、相对化方法和标准化方法三种。

1) 功效系数法

功效系数法也称线性标准化或函数化。其主要特点是以 60 分为基本分,利用特定的公式将每一个指标的实际值转化为采用百分制表示的数值。其步骤如下:

第一步,确定每一个评价指标的阈值,即上限值(即满意值)x_{hi} 和下限值(即不允许值)x_{si}。上限值和下限值可根据实际情况来确定。

第二步,用功效系数法的计算公式计算评价指标的得分。其公式为

$$d_i = \frac{x_i - x_{si}}{x_{hi} - x_{si}} \times 40 + 60$$

式中,i 表示指标的序号;x_i 为第 i 个指标的实际值;d_i 为第 i 个指标的功效系数分值。

第三步,运用所求出的功效系数分值对各指标进行函数化处理,将实际值转换为采用百分制表示的数值。

2) 相对化方法

相对化方法是一种更为简单而实用的方法。其主要特点是先对待评价指标确定一个比较标准值作为比较的标准值,然后用各评价指标的实际值 x_i 与标准值 x_m 对比,计算两者之比 x_i'。

在相对化处理过程中首先要选择标准值。标准值可以有多种选择,如果是考核计划完成情况,则可选计划数作为标准值;如果考核发展速度,那就需要用上年同期或某一固定时期的数值作为标准值;当然也可用先进平均数作为标准值。

在计算时还要将"正指标"和"逆指标"区别对待。计算公式为

正指标:

$$x_i' = \frac{x_i}{x_m}$$

逆指标:

$$x_i' = \frac{x_m}{x_i}$$

3) 标准化方法

标准化也称均值方差归一化。标准化方法是在设定各评价指标值服从正态分布的前提下,将指标值转化为数学期望值为 0、均方差为 1 的标准化数值。该方法处理的结果有正、负数之分。正数表明评价指标值高于平均值,负数表明评价指标值低于平均值。具体步骤如下:

第一步,求出每一评价指标的平均数 $\bar{x}_i$ 和标准差 σ_i。

第二步,进行标准化处理。其公式为
正指标:
$$x'_{ij} = \frac{x_{ij} - \bar{x}_i}{\sigma_i}$$

逆指标:
$$x'_{ij} = \frac{\bar{x}_i - x_{ij}}{\sigma_i}$$

3. 根据指标在评价体系中的重要性,确定各指标的权数

在综合评价中,各个指标所起的作用不同,对综合值的贡献份额也有很大差异,因此,为了评价的客观性,通常需要对不同的指标赋予不同的权数,以体现各指标重要性的差异。

1) 指标的重要性判别标准

指标重要性的确定可从以下几方面进行综合判别:

第一,指标的综合性。即该评价指标所包含的信息量。一个指标的综合性强,包含的信息量多,对综合评价所起的作用就大,应赋予较大的权数。

第二,指标的敏感性。所谓敏感性是指该指标的变动对其他指标变动的影响力。对敏感性较强的指标应给予较大的权数。

第三,指标的独立性。指标的独立性越强,在评价中的作用也就越重要,应赋予其较大的权数。反之,应赋予其较小的权数。

2) 确定指标重要性权数的方法

主要有主观的专家意见法、环比比较法、比率标度法和客观的熵值法、因子分析法等。下面介绍比率标度法的应用。

比率标度法也称两两比较法。它是由专家对各指标的重要性程度进行比较后,两两打分得出判断矩阵,再进行归一化处理,最后取得各指标的权数。其具体步骤如下:

第一步,确定指标重要性的量化标准。常用的有 1～5 标度、1～9 标度等几种。若指标 i 与 j 比较,得出标度为 b_{ij},则指标 j 与 i 的比较标度应为 $1/b_{ij}$。

第二步,专家对指标的重要性进行两两判别。常用的方法为德尔菲法,它是一种向专家发函,在反复集中、反馈、修正专家意见的基础上,最终确定指标重要性的一种方法。

第三步,计算判断矩阵每一行各标度乘积的 n 次方根 w_i 作为指标重要性权数,并对权数进行归一化处理,计算出比重权数 f_i。

4. 综合评价指标的合成

即对经过处理后的指标值进行汇总,计算综合评价指数或分值。根据综合评价指数或分值对参评单位进行排序。

对数据进行合成的方法有很多,主要有直接综合法、加权平均法、综合记分法和距离综合法。

1) 直接综合法

直接综合法是在不知道指标重要性权数或权数大致相等的情况下,直接将经过同度量处理的指标值经简单加总,形成一个综合值,再按照综合值的大小排出各参评单位的位次,从而达到对其进行综合评价分析的方法。

直接综合法适用于不需要进行加权的综合评价,即各指标在现象评价中所起的作用是相同的。若指标重要性不同,则不适宜采用直接综合法。

2) 加权平均综合法

加权平均综合法是对已经同度量处理过的指标数值经过加权平均进行综合,形成一个总值,再按照总值的大小排列出各参评单位的名次,从而达到综合评价目的的方法。

加权平均综合法主要采用加权算术平均法和加权几何平均法。

在许多综合评价中,由于权数所起的作用,使加权综合与简单综合的结果是不一致的。

3) 综合记分法

综合记分法是指按照一定的规则将指标值转换为分值,然后综合分值进行比较排序的方法。记分的方法多种多样,有三档、五档、七档等记分法。可以对各指标的分值进行简单加总,也可以进行加权计算。

应该注意的是,当指标的实际值为动态相对数时,可以直接用各指标的变动幅度设定分值,对非动态指标则要对指标值进行同度量处理后,再进行综合记分。通常采用相对化方法对指标进行同度量化处理。

4) 距离法

距离法适用于限定在一定范围之内变化才较为理想的"适度"指标的评价。其基本思想是:对每一个参评指标确定相应的标准值作为比较依据。将参评单位看作 n 维空间中由 n 个参评指标值确定的点,计算它们与 n 个标准值的标准点之间的距离进行综合评价。

其步骤如下:

第一步,对每一个参评指标确定相应的标准值和权数,作为进行比较的依据。

第二步,计算每一个单位的各指标实际值与标准值之间的总距离,即 $(x_{i0} - x_{ij})$。若对指标进行相对化处理,其距离为 $(1 - x'_{ij})$。

第三步,计算各参评单位的综合值,并进行评价。

若对指标进行相对化处理,其公式为

$$S_j = \sqrt{\sum (1-x'_{ij})^2 \cdot f_i}$$

式中,i 表示指标序号,j 表示参评单位序号,x_{i0} 表示第 i 个指标的标准值,x_{ij} 表示第 i 个指标的实际值,f_i 为指标 i 的权数,x'_{ij} 表示经过相对化处理后的指标值。

(六)统计分析报告

一项完整的统计分析活动总是包含两个相互关联的过程。一是研究过程,即运用统计方法对反映分析对象数量特征的资料进行判断和推理,并由此得出结论的过程;二是表述过程,即将研究过程的内容进行文字上的加工,撰写统计分析报告的过程。

1. 统计分析报告的特点

统计分析报告是对研究成果进行表述的文章,是统计分析结果的最终形式。有以下几个特点:

(1) 统计分析报告必须以统计数据的语言为主,结合实际情况进行综合分析。为了体现统计分析的特点,统计分析报告必须用数字讲话,辅之以统计表和统计图来进行具体而明确的表述。

(2) 统计分析报告必须具有简明的表达方式和结构。统计分析报告属于说明文,在表述时应言简意赅、精练准确,做到论点和论据相统一。

(3) 统计分析报告必须是对研究分析过程的高度概括。所以统计分析报告必须选题准确,中心突出;结构严谨,层次分明;观点正确,推断合理,材料翔实。

2. 撰写统计分析报告的基本知识

(1) 标题的拟定。标题是对文章的基本思想的浓缩,是统计分析报告中心内容的集中体现,在文章中占有重要的地位。就统计分析而言,好的标题应做到确切、简洁、新颖。

(2) 导语的撰写。导语是统计分析报告内容的引导,是整个报告的开头。它是关系到分析报告成效的一个重要因素。因此,导语的基本作用,一是要能够吸引读者,使读者有读下去的兴趣;二是要为全文的展开理清脉络,牵出头绪,确定格局。

(3) 统计分析报告的结构。常用的统计分析报告有三种结构:一是递进式结构;二是并列式结构;三是序时结构。

(4) 结束语的撰写。统计分析报告结尾常见的写法有总括全文,照应开头;提出建议;对未来进行展望。

第九章 统计综合分析与统计分析报告

重点、难点释析

一、传统评价的局限性与综合评价的科学性

传统的评价方法是通过反映总体某一方面特征的单个指标,与有关标准(时空标准或经验标准等)进行比较对照,计算出数量上的差别和变化,并在此基础上做出评价和判断。它存在一定的局限性:

(1) 在进行评价时,各指标的变动方向和变动程度不一致,会出现相互矛盾的现象。

(2) 只限于少数单位的评价,对于多单位多指标的评价,会造成极其混乱的情况。

与传统的简单比较方法相比,综合评价的科学性体现在:

(1) 评价过程不是一个指标一个指标顺次完成的,而是通过一些特殊的方法将多个指标的评价同时完成的。

(2) 在综合评价过程中,一般要根据指标在评价体系中的重要性而赋予其不同的权数,然后进行加权处理。

(3) 最终的评价结果不再是具有具体经济含义的统计指标,而是以指数或分值的形式表示参评单位综合状况的排序。

统计综合评价的这些特点,可以避免一般比较方法的局限性,使多个指标对多个单位进行全面准确的评价成为可能,充分体现了综合分析的科学性。

二、综合评价指标独立性筛选的统计学方法

完成指标体系的初步筛选之后,要对指标体系进行独立性筛选。独立性筛选是通过识别两个指标之间,以及多个指标之间是否存在重复反映对象系统的特征信息,以及重复信息存在的强度,并基于此考虑是否需要对指标进行约简。运用统计学中的相关系数来定义相关性强度,若相关系数大,则说明这些指标间反映的重复信息较多,需要进行约简;若相关系数为0或极小,则说明这些指标间独立性较强,考虑保留。指标体系的相关性分析的具体步骤如下:

第一步,计算两个指标间的相关系数。假设某评价指标体系经过初步构建和初步筛选后共有 k 个指标,x_i 与 x_j 分别表示第 i 个指标与第 j 个指标,有 n 组观测值,r_{ij} 表示第 i 个指标与第 j 个指标之间的相关系数。则有

$$r_{ij} = \frac{n\sum x_i x_j - (\sum x_i)(\sum x_j)}{\sqrt{n\sum x_i^2 - (\sum x_i)^2}\sqrt{n\sum x_j^2 - (\sum x_j)^2}}$$

式中,$i=1,2,\cdots,k;j=1,2,\cdots,k$。

第二步,相关系数检验。若$r_{ij}=0$,则这两个指标间不存在相关关系,保持绝对独立,这两个指标均保留;若$r_{ij}\neq 0$,则说明这两个指标间存在相关关系,有重复信息,可设定一个临界值M,若$|r_{ij}|\geq M$则说明两个指标间的信息重复超过了临界值,应结合观测性内容合并指标,或保留其中一个指标;若$|r_{ij}|\leq M$,则说明两个指标间的信息重复在可接受范围内,可同时保留两个指标。一般地,临界值M一般取 0.9 左右。

第三步,计算多个指标间的相关系数。我们可以通过计算方差膨胀系数 VIF 来检验多个指标间是否存在严重的多重共线性问题,来考察和识别多个指标间的独立性。将第i个指标的方差膨胀因子记为$(VIF)_i$,则有

$$(VIF)_i = (1-R_i^2)^{-1}$$

式中,R_i^2是第i个指标对其余自变量进行回归分析的复相关系数;$(1-R_i^2)$称为容忍度。

可见方差膨胀系数是容忍度$(1-R_i^2)$的倒数。方差膨胀系数 VIF 越大,说明自变量之间存在共线性的可能性越大,反之就越小。根据 Hair(1995)的共线性诊断标准,当自变量的容忍度大于 0.1,即方差膨胀系数小于 10 的范围是可以接受的,表明自变量之间没有共线性问题存在。一般来讲,如果方差膨胀因子超过 10,则回归模型存在严重的多重共线性,则应删除指标x_i。

三、评价指标赋权的方法——比率标度法

比率标度法也称两两比较法。它是由专家对各指标的重要性程度进行比较后,两两打分得出判断矩阵,再进行归一化处理,最后取得各指标的权数。其具体步骤如下:

第一步,确定指标主要性的量化标准。常用的有 1~5 标度、1~9 标度等几种。一般可取五种判别程度:标度 1(同等重要)、标度 3(稍微重要)、标度 5(明显重要)、标度 7(强烈重要)、标度 9(极为重要),当需要更高的精度时,还可以在相临判别之间进行比较,从而形成九种判别程度。若指标i与j比较,得出标度为b_{ij},则指标j与i的比较标度应为$1/b_{ij}$。

第二步,专家对指标的重要性进行两两判别。常用的方法为德尔菲法。这是一种向专家发函,在反复集中、反馈、修正专家意见的基础上,最终确定指标重要

性的方法。有时,为了使判断更加准确,还可以采用带有信任度的德尔菲法。由于此种方法各学科介绍得较多,在此不再赘述。

第三步,计算判断矩阵每一行各标度乘积的 n 次方根 w_i 作为指标重要性权数,并对权数进行归一化处理,计算出比重权数 f_i。

【例 9.1】 有三个指标 x_1, x_2, x_3,通过专家评判进行两两比较后,其权数判断矩阵如下:

指标	x_1	x_2	x_3
x_1	1	9	6
x_2		1	$\frac{1}{3}$
x_3			1

根据上述矩阵表,首先计算判断矩阵每一行各标度乘积的 n 次方根 w_i:
第一个指标:
$$w_1 = \sqrt[3]{1 \times 9 \times 6} = 3.780$$

第二个指标:
$$w_2 = \sqrt[3]{\frac{1}{9} \times 1 \times \frac{1}{3}} = 0.333$$

第三个指标:
$$w_3 = \sqrt[3]{\frac{1}{6} \times 3 \times 1} = 0.794$$

在计算 w_i 的基础上,再进行归一化处理,计算各指标的相对量权数 f_i:

$$f_1 = 3.780/(3.780 + 0.333 + 0.794) = 0.7703$$
$$f_2 = 0.333/(3.780 + 0.333 + 0.794) = 0.0679$$
$$f_3 = 0.794/(3.780 + 0.333 + 0.794) = 0.1618$$

通过以上计算,初步确定三个指标的权数分别为 0.7703、0.0679、0.1618。

比率标度法在指标较多时,工作量较大,容易出现相互矛盾的现象,有必要对其进行一致性检验。

四、专家评判法的应用——德尔菲法

专家对指标重要性进行两两判别,常用的方法为德尔菲法。

1. 德尔菲法的特点

德尔菲法是依靠专家的经验来确定指标的重要性,并在不断的反馈和修改中得到比较满意的答案的一种方法。

2. 指标重要性评价中运用德尔菲法的步骤

(1) 将指标体系及有关资料(包括对统计分析的说明等),以及确定的重要性量化标准发给选定的各位专家,请他们独立地给出各指标的重要性权数。如果专家对指标体系中的某些指标感到十分不满意的话,请给出理想的替代指标。

(2) 分别计算各位专家对同一指标所给予的重要性权数的均值和标准差,以观察各位专家对指标重要性权数赋值的一般水平,并判断专家意见的集中程度。

(3) 将计算结果及其他专家的意见匿名反馈给各位专家,并请各位专家进行以下工作:

第一,要求所给重要性权数与均值的偏差较大的专家说明原因。第二,要求对其他专家提出的指标重要性权数的赋值、修改或变更指标的建议发表自己的看法。第三,要求专家在考虑以上问题的基础上重新赋权。

(4) 重复以上三个步骤,直到结果满意为止。

3. 德尔菲法评判的优点

(1) 集思广益,集中了专家的智慧。

(2) 专家匿名工作,充分发挥其独立性。

(3) 有一套科学的多轮"集中—反馈—集中"系统,保证了意见的不断收敛。

五、统计综合分析的应用——连环替代法

连环替代分析法是指逐个替换因素,计算几个相互联系的因素对统计指标变动影响程度的一种因素分析法。常用的连环替代法是假定各因素顺次发生变动。因而采用连环对比的计算程序:

(1) 按照统计指标和影响其变动的各因素之间的相互关系列成分析计算式。

(2) 以基数为计算的基础,即在统计指标的分析计算式中所有因素都按基数计算。

(3) 按分析计算式中所列因素的同一顺序,用各个因素的实际数依次替换其基数;每次替换后实际数就被保留下来。有几个因素就替换几次,直到所有因素都变成实际数为止。每次替换后,都按分析计算式规定的数字计算求出新的结果。

(4) 将每次替换所得的结果与前一次计算的结果相比较,两者的差额就是某一因素对统计指标的影响程度。

(5) 计算各个因素的影响数额的代数和。这个代数和应等于统计指标的实际数与基数之间的总差异数。

【例 9.2】 设某企业全员劳动生产率资料如下:

	计量单位	符号	上月	本月	比例(%)
全员劳动生产率	元		500.03	550.04	110
工人占全部职工比重	%	a	50	49	98
平均每人制度工作时间	工时	b	2295	2295	100
工时利用率	%	c	84	81	96.43
生产定额完成率	%	d	1.2	1.3	108.33
每一定额工时产值	元	e	43.23	46.45	107.45

试用连环替代法确定该厂全员劳动生产率增加值。

解析 全员劳动生产率增加:$550.04 - 500.03 = 50.01$(元)

上月全员劳动生产率:$a_0 b_0 c_0 d_0 e_0 = 0.5 \times 2295 \times 0.84 \times 0.012 \times 43.23 = 500.03$(元)

第一次替代:$a_1 b_0 c_0 d_0 e_0 = 0.49 \times 2295 \times 0.84 \times 0.012 \times 43.23 = 490.03$(元)

第二次替代:$a_1 b_1 c_0 d_0 e_0 = 0.49 \times 2295 \times 0.84 \times 0.012 \times 43.23 = 490.03$(元)

第三次替代:$a_1 b_1 c_1 d_0 e_0 = 0.49 \times 2295 \times 0.81 \times 0.012 \times 43.23 = 472.53$(元)

第四次替代:$a_1 b_1 c_1 d_1 e_0 = 0.49 \times 2295 \times 0.81 \times 0.013 \times 43.23 = 511.91$(元)

本月全员劳动生产率:$a_1 b_1 c_1 d_1 e_1 = 0.49 \times 2295 \times 0.81 \times 0.013 \times 46.45 = 550.04$(元)

(1) 由于工人占全部职工的比重下降 2%,影响全员劳动生产率:
$$a_1 b_0 c_0 d_0 e_0 - a_0 b_0 c_0 d_0 e_0 = 490.03 - 500.03 = -10(元)$$

(2) 由于平均每人制度工作时间没有变动,影响全员劳动生产率:
$$a_1 b_1 c_0 d_0 e_0 - a_1 b_0 c_0 d_0 e_0 = 490.03 - 490.03 = 0(元)$$

(3) 由于工时利用率下降 3.57%,影响全员劳动生产率:
$$a_1 b_1 c_1 d_0 e_0 - a_1 b_1 c_0 d_0 e_0 = 472.53 - 490.03 = -17.5(元)$$

(4) 由于生产定额完成率提高 8.33%,影响全员劳动生产率:
$$a_1 b_1 c_1 d_1 e_0 - a_1 b_1 c_1 d_0 e_0 = 511.91 - 472.53 = 39.38(元)$$

(5) 由于每一定额工时产值提高 7.45%,影响全员劳动生产率:
$$a_1 b_1 c_1 d_1 e_1 - a_1 b_1 c_1 d_1 e_0 = 550.04 - 511.91 = 38.13(元)$$

(6) 以上五个因素综合影响:
$$-10 + 0 + (-17.5) + 39.38 + 38.13 = 50.01(元)$$

由此可以看出,该企业全员劳动生产率增加 50.01 元,主要是由于生产定额完成率(工人生产效率)提高而使全员劳动生产率增加 39.38 元,每一定额工时产值提高而使全员劳动生产率增加 38.13 元。工人占职工人数的比重和工时利用率下降使全员劳动生产率分别减少 10 元和 17.5 元,从而影响了生产的进一步发展,应进一步分析原因。此外,每一定额工时产值的变化对企业劳动生产率的提高和产值的增长起了一定的作用,也应作进一步分析。通过分析,找出有利因素和不利因素,发扬积极因素,克服消极因素,总结经验,进一步加强生产经营管理。

习　　题

一、单项选择题

1. 将一项指标或指标体系中的各项指标分别进行逐一评价的过程是(　　)。
   A. 简单评价　　　　　　　　B. 综合评价
   C. 差异评价　　　　　　　　D. 统计评价
2. 综合评价方法的科学性体现在(　　)。
   A. 权数的确定　　　　　　　B. 数据的同度量处理
   C. 指标的选择　　　　　　　D. 计算综合指数
3. 通过判断指标之间的亲疏程度来筛选指标的方法叫(　　)。
   A. 主成分分析法　　　　　　B. 聚类分析法
   C. 综合分析法　　　　　　　D. 差异评价方法
4. 在综合评价中,一般规定各指标权数之和等于1,统计上称(　　)。
   A. 归一化处理　　　　　　　B. 标准化处理
   C. 相对化处理　　　　　　　D. 函数化处理
5. 聚类分析法中,在指标体系容量有限的条件下,应该做到(　　)。
   A. 尽量增加相似程度较大的指标　B. 尽量保持指标间相同的量纲
   C. 尽量给指标赋予不同的权数　　D. 尽量减少相似程度较大的指标
6. 将大学教师按照职称分为教授、副教授、讲师、助教四组,这种计量水平是(　　)。
   A. 列名水平　　　　　　　　B. 顺序水平
   C. 间隔水平　　　　　　　　D. 比率水平
7. 在进行统计分析时,指标的设计要有利于资料的获得,这指的是统计指标的(　　)。
   A. 可行性　　　　　　　　　B. 全面性

C. 系统性 D. 敏感性

8. 一个指标能否被选在统计分析指标中,最关键的是指标是否具有（　　）。
   A. 科学性 B. 全面性
   C. 敏感性 D. 实用性

9. 某地区工业资产贡献率为5.8%,我们对其进行函数化处理,满意与不满意值分别为11%与5%,则其处理后的指标值为（　　）。
   A. $\dfrac{5.8-5}{11-5} \times 60 + 40$
   B. $\dfrac{5.8-5}{11-5} \times 40 + 60$
   C. $60 - \dfrac{5.8-5}{11-5} \times 40$
   D. $40 - \dfrac{5.8-5}{11-5} \times 60$

10. χ^2 检验方法是一种非参数检验方法,其样本统计量为（　　）。
    A. $\chi^2 = \sum \dfrac{(I_{1i}-I_{0i})^2}{I_{1i}}$
    B. $\chi^2 = \sum \dfrac{(I_{1i}-I_{0i})^2}{I_{0i}}$
    C. $\chi^2 = \sum \dfrac{(I_{1i}-I_{0i})}{I_{0i}}$
    D. $\chi^2 = \sum \dfrac{(I_{1i}-I_{0i})}{I_{1i}}$

11. 根据五个指标的取值,计算得到每两个指标的距离矩阵如下:

指标号	1	2	3	4	5
1	1				
2	0.57	1			
3	0.35	0.36	1		
4	0.28	0.76	0.63	1	
5	0.42	0.41	0.26	0.74	1

若指标体系中应该包含四个指标,那么可以将哪两类指标合并?（　　）
   A. 指标1与指标3 B. 指标3与指标5
   C. 指标4与指标5 D. 指标1与指标2

12. 在对资产负债率 x_i 这样的逆指标进行函数化处理时,其功效系数的计算公式为（　　）。
   A. $d_i = \dfrac{x_i - x_{si}}{x_{hi} - x_{si}} \times 60 + 40$
   B. $d_i = 60 - \dfrac{x_i - x_{si}}{x_{hi} - x_{si}} \times 40$
   C. $d_i = \dfrac{x_{hi} - x_{si}}{x_i - x_{si}} \times 40 + 60$
   D. $d_i = \dfrac{x_i - x_{si}}{x_{hi} - x_{si}} \times 40 + 60$

13. 对在一定范围内变化才较为理想的"适度"指标,进行综合评价时,可采用( )。

  A. 直接综合法   B. 加权平均法

  C. 综合记分法   D. 距离综合法

二、多项选择题

1. 从应用的角度看,统计分析方法可以分为( )。
   A. 经验分析方法   B. 数学方法
   C. 定性分析方法   D. 实证分析方法
   E. 统计分析方法

2. 统计分析的特点是( )。
   A. 以统计数据为基础   B. 应用经验方法和数理统计方法
   C. 定量分析与定性分析相结合   D. 统计分析的对象具有综合性
   E. 统计分析的方法具有特殊性

3. 在综合评价中,常用的消除量纲的方法有( )。
   A. 比率化处理   B. 相对化处理
   C. 函数化处理   D. 标准化处理
   E. 指数化处理

4. 在综合评价过程中,权数确定的方法有( )。
   A. 专家评判法   B. 相似程度系数法
   C. 比率标度法   D. 距离法
   E. 指标比较法

5. 适合用于单向变化(越大越好或越小越好)指标的综合汇总方法是( )。
   A. 直接综合法   B. 加权平均法
   C. 综合记分法   D. 距离综合法
   E. 方程法

6. 统计综合评价有各种各样不同的评价方法,都需要按照一定的程序进行运作,一般包括( )。
   A. 选择评价指标,建立完整的评价指标体系
   B. 对数据进行同度量处理
   C. 确定各指标的重要性权数
   D. 计算综合评价指数或分值
   E. 对参评单位进行排序

7. 利用同一指标体系进行综合评价时,其结果不是绝对的,这是因为( )。

A. 不同的指标体系可能出现排序结果不同

B. 不同的消除量纲的方法可能出现排序结果不同

C. 不同的指标合成的方法可能出现排序结果不同

D. 不同的赋权可能出现排序结果不同

E. 不同的研究方法可能出现排序结果不同

8. 在实际工作中,"结构差异"常用的显著性检验方法有(　　)。

A. 方差分析　　　　　　　　B. χ^2 检验方法

C. K-S 检验方法　　　　　D. t 检验方法

E. z 检验方法

9. 统计评价中,选择合适的评价标准是一个十分关键的内容,一般地,评价标准有(　　)。

A. 时间标准　　　　　　　　B. 空间标准

C. 计划标准　　　　　　　　D. 经验标准

E. 理论标准

10. 与简单评价相比,综合评价的特点是(　　)。

A. 评价过程是一个指标一个指标顺次完成的

B. 通过一些特殊的方法将多个指标的评价同时完成

C. 在综合评价过程中,一般要根据指标在评价体系中的重要性而赋予其不同的权数,然后进行加权处理

D. 最终的评价结果不再是具有具体经济含义的统计指标

E. 是以指数或分值的形式表示参评单位综合状况的排序

11. 在综合评价过程中,各指标所起的作用是不同的,那么指标的重要性可以从(　　)方面进行判定。

A. 指标的科学性　　　　　　B. 指标的敏感性

C. 指标的独立性　　　　　　D. 指标的可信度

E. 指标的综合性

12. 综合记分法是对各指标数值通过对比记分来计算综合分值,再进行排序的方法。其步骤为(　　)。

A. 对各指标进行相对化处理

B. 根据记分的规定进行评分

C. 对每一单位各项指标的分值进行汇总

D. 依据汇总结果进行比较排序

E. 依据各项指标的分值进行比较排序

三、简答题

1. 简要说明统计分析的作用。
2. 为什么要应用综合评价方法?
3. 简述指标选取的主要原则。
4. 按顺序列出统计综合评价的基本步骤。
5. 如何判别指标权数的重要性?
6. 在统计分析报告中,如何做到材料和观点的辩证统一?

四、计算题

1. 对广东省城镇居民与农村居民消费结构是否有显著差异进行研究。下面选取了 2018 年广东省城镇居民与农村居民消费结构状况资料。

指标	城镇居民消费结构(%)	农村居民消费结构(%)
食品烟酒	31.6	36.6
衣着	4.6	3.4
居住	26.3	21.8
生活用品及服务	5.6	5.3
交通通信	13.3	12.5
教育文化娱乐	10.8	9.6
医疗保健	5.1	8.9
其他用品和服务	2.7	2

摘自《广东统计年鉴 2019》

试用 χ^2 统计量,检验广东省城镇居民与农村居民消费结构是否有显著性差异。

2. 下列资料用七个指标描述了我国各地区大中型工业企业的主要经济效益。现用这七个指标组成指标体系对我国各地区大中型工业企业的经济效益进行综合评价。

第九章 统计综合分析与统计分析报告

地区	工业增加值率（%）	总资产贡献率（%）	资产负债率（%）	流动资产周转次数（次/年）	成本费用利润率（%）	全员劳动生产率[元/(人·年)]	产品销售率（%）
全国	31.61	9.10	57.86	1.53	6.31	65164	98.45
北京	23.30	6.69	54.75	1.56	3.88	79856	98.90
天津	27.93	7.53	56.58	1.57	6.77	87356	99.17
河北	35.72	7.88	63.45	1.51	4.77	47056	99.04
山西	37.73	5.01	61.69	0.95	3.42	29434	98.51
内蒙古	36.63	5.55	57.75	1.30	2.07	38976	98.36
辽宁	28.31	6.49	56.98	1.40	3.64	58613	97.87
吉林	30.43	8.15	61.80	1.39	5.13	52572	97.51
黑龙江	55.16	20.23	57.69	1.51	32.22	79702	98.38
上海	29.34	8.73	43.84	1.50	7.25	142187	99.33
江苏	26.43	9.11	58.55	1.84	4.37	73051	98.01
浙江	27.11	11.95	52.92	1.84	7.40	77639	98.08
安徽	33.50	8.50	59.34	1.44	4.27	44695	99.06
福建	29.45	8.63	59.96	1.87	5.03	80622	97.21
江西	30.56	6.23	64.83	1.19	1.27	37799	98.35
山东	32.96	10.95	59.16	1.94	7.20	61388	98.45
河南	33.35	7.06	64.71	1.28	2.96	35970	98.52
湖北	33.49	7.87	59.68	1.33	5.45	57234	98.19
湖南	36.47	10.03	65.79	1.28	3.85	52898	99.42
广东	27.95	10.38	54.36	1.78	6.67	123163	98.45
广西	33.19	8.56	65.74	1.39	5.40	48738	97.60
海南	26.73	7.67	59.60	1.26	4.10	66446	96.63
重庆	29.54	6.89	61.10	1.12	2.81	45086	98.70
四川	35.65	6.97	62.23	1.16	4.64	48431	98.87
贵州	35.97	7.85	59.80	0.87	4.98	38885	98.64

续表

地区	工业增加值率（%）	总资产贡献率（%）	资产负债率（%）	流动资产周转次数（次/年）	成本费用利润率（%）	全员劳动生产率[元/(人·年)]	产品销售率（%）
云南	53.50	17.62	51.68	1.26	11.62	110254	98.48
西藏	57.85	12.80	27.76	0.84	32.80	116400	88.67
陕西	34.87	7.54	65.75	1.11	6.16	43598	98.54
甘肃	31.54	5.10	65.86	1.12	0.24	42318	97.96
青海	40.33	5.06	72.29	0.79	4.44	72751	95.79
宁夏	30.34	5.56	59.39	1.07	2.37	37682	97.60
新疆	45.88	12.18	57.76	1.64	15.75	122291	100.34

要求：

(1) 对上述资料进行相对化处理（以全国的经济效益指标为标准值），当七个指标的权数分别为 0.15，0.2，0.13，0.13，0.14，0.1，0.15 时，对各地区大中型工业企业的经济效益进行综合评价。

(2) 对上述资料进行标准化处理，用简单综合法对各地区大中型工业企业的经济效益进行综合评价。

习题参考答案

一、单项选择题

1. A 2. C 3. B 4. A 5. D 6. B 7. A 8. D 9. B 10. B 11. B 12. D 13. D

二、多项选择题

1. AB 2. ABCDE 3. BCD 4. ACE 5. ABC 6. ABCDE 7. BCD 8. BC 9. ABCDE 10. BCDE 11. BCDE 12. ABCD

三、简答题

1. 首先，统计分析是认识客观世界的重要工具。实践证明统计分析不仅在

第九章　统计综合分析与统计分析报告

自然现象,而且在社会经济现象方面,对了解和掌握这些现象的情况、规律都起着重要的作用。

其次,从统计的特点看,从数量上、总体上对客观事物进行认识,既可以使认识更加清晰明确,又可以避免以偏概全,使认识较为全面和正确,而且,只有对客观现象总体的数量方面进行研究,才能获得规律性的认识。

第三,统计分析是发挥统计整体功能、提高统计工作地位的重要手段。统计分析把数据、情况、问题、建议等融为一体,既有定量分析,又有定性分析。不仅比一般的统计数据更集中、更系统、更清楚地反映客观实际,而且便于阅读、理解和利用,因而是发挥统计的信息、咨询、监督等整体功能的主要手段,与此同时,也可以提高统计工作的社会地位。

第四,统计分析是社会了解统计的重要窗口,通过统计分析既向各级党政领导和社会各界传递了统计信息,也使他们增进了对统计工作的了解,进而认识统计工作的重要性。

2. 传统的评价方法是通过反映总体某一方面特征的单个指标,与有关标准(时间标准或空间标准)进行比较对照,计算出数量上的差别和变化,并在此基础上做出评价和判断。它存在一定的局限性:

(1) 在进行评价时,各指标的变动方向和变动程度不一致,会出现相互矛盾的现象。

(2) 只限于少数单位的评价,对于多单位多指标的评价,会造成极其混乱的情况。

与传统的简单比较方法相比,综合评价具有以下主要特点:

(1) 评价过程不是一个指标一个指标顺次完成的,而是通过一些特殊的方法将多个指标的评价同时完成的。

(2) 在综合评价过程中,一般要根据指标在评价体系中的重要性而赋予其不同的权数,然后进行加权处理。

(3) 最终的评价结果不再是具有具体经济含义的统计指标,而是以指数或分值的形式表示参评单位综合状况的排序。

统计综合评价的这些特点,可以避免一般比较方法的局限性,使以多个指标对多个单位进行全面准确的评价成为可能。

3. 首先,要注意指标体系的全面性和系统性。全面性是指指标的选择应尽可能从不同的角度反映分析对象的全貌。系统性是指进入指标体系的各个单独指标之间要形成一定的内在联系,要求各指标间相互钩稽的关系有明确的经济内涵,具有相互验证的逻辑关系。其次,要保持评价指标体系的简洁性。尽可能地删除一些可有可无的指标。最后,要注意指标的敏感性和可行性。敏感性是指选取的指标应能比较敏感地反映分析对象的变化。可行性是指设置的指标不仅理论上是合理的,而且在资料的获得上应该是可行的。

4. 统计综合评价一般包括以下四个步骤:

(1) 选择评价指标,建立评价指标体系。这是统计综合评价的基础和依据。

(2) 搜集数据资料,进行同度量处理,以消除量纲的影响。

(3) 根据指标在评价体系中的重要性,确定各指标的权数,以保证评价结论的可靠性。

(4) 对经过处理后的指标值进行汇总,计算综合评价指数或分值,并对参评单位进行排序。

5. 一般地,指标在评价中的重要性的确定主要从以下几方面综合判别:

(1) 评价指标所包含的信息量。一个指标的综合性强,包含的信息量多,对综合评价所起的作用就大。

(2) 指标的敏感性。对敏感性较强的指标应给予较大的权数。

(3) 指标的独立性。在评价过程中,多数指标在评价指标体系中都会反映出相互重复的信息。如果一个指标被其他指标取代的可能性越小,那么它的独立性就越强,在评价中的作用也就越重要。

6. 第一,观点要明确。观点一般用判断或概念来表达。观点明确,就是指必须准确无误地表述其所包含的全部概念的内涵和外延以及整个判断的意义。这样,在选择和使用材料时,才能使材料的内容、性质、范围与观点相吻合,符合观点的要求。

第二,材料要充分。言必有据,观点确立之后必须要有充分的材料作为依据,才能言之成理,令人信服。充分的材料,不但应当是客观的真实材料,而且还必须是全面反映事物本质的典型材料。

第三,对材料要进行分析。写作分析报告与简报不同,应根据报告的目的和要求,对材料进行具体的分析。但这种分析又与论文不同,它必须以反映事实为基础,让事实本身说话,在不离开事实叙述的前提下,把事实提到原则的高度进行适当的评析。

四、计算题

1. 我们这里借助于统计的 χ^2 检验。

χ^2 统计量计算表

指标	城镇 I_{0i}	农村 I_{1i}	$I_{1i}-I_{0i}$	$(I_{1i}-I_{0i})^2$	$(I_{1i}-I_{0i})^2/I_{0i}$
食品烟酒	31.6	36.6	5	25	0.7911
衣着	4.6	3.4	−1.2	1.44	0.3130
居住	26.3	21.8	−4.5	20.25	0.7700
生活用品及服务	5.6	5.3	−0.3	0.09	0.0161
交通通信	13.3	12.5	−0.8	0.64	0.0481
教育文化娱乐	10.8	9.6	−1.2	1.44	0.1333
医疗保健	5.1	8.9	3.8	14.44	2.8314
其他用品和服务	2.7	2	−0.7	0.49	0.1815
合计	100	100.1	—	—	5.0845

统计假设检验方法应用于对结构问题的研究。其特点在于：它能够根据人们对显著性的要求，来说明我们所研究的结构变化是否是显著的，以及有多大的把握认为是显著的。

现用 χ^2 检验。

第一步，建立假设。

原假设 H_0：城镇居民与农村居民消费结构不存在明显差异。

选择假设 H_1：城镇居民与农村居民消费结构存在明显差异。

第二步，给定显著性水平 α，查 χ^2 分布表得出其临界值。

当显著性水平 $\alpha=0.05$，自由度 $k-1=7$ 时，查表得 $\chi^2_{0.05,7}=14.071$。

第三步：计算 χ^2 统计量。公式为

$$\chi^2 = \sum \frac{(I_{1i}-I_{0i})^2}{I_{0i}}$$

式中，I_{0i} 表示广东省城镇居民第 i 个消费项比重数；I_{1i} 表示广东省农村居民第 i 个消费项比重数。

第四步，进行比较判别，得出结论。

由于 $\chi^2=5.0845<14.071$，因此，拒绝 H_1，接受 H_0。可以认为广东省城镇居民与农村居民消费结构不存在显著性差异。

2.（1）相对化处理及综合评价结果：

统计学学习指导

地区	工业增加值率	总资产贡献率	资产负债率	流动资产周转次数	成本费用利润率	全员劳动生产率	产品销售率	综合值	排序
全国	31.61	9.10	57.86	1.53	6.31	65164	98.45		
北京	0.737	0.735	1.057	1.020	0.615	1.225	1.005	0.887	19
天津	0.884	0.827	1.023	1.026	1.073	1.341	1.007	1.000	9
河北	1.130	0.866	0.912	0.987	0.756	0.722	1.006	0.918	15
山西	1.194	0.551	0.938	0.621	0.542	0.452	1.001	0.763	28
内蒙古	1.159	0.610	1.002	0.850	0.328	0.598	0.999	0.792	27
辽宁	0.896	0.713	1.015	0.915	0.577	0.899	0.994	0.848	23
吉林	0.963	0.896	0.936	0.908	0.813	0.807	0.990	0.906	17
黑龙江	1.745	2.223	1.003	0.987	5.106	1.223	0.999	1.952	1
上海	0.928	0.959	1.320	0.980	1.149	2.182	1.009	1.161	5
江苏	0.836	1.001	0.988	1.203	0.693	1.121	0.996	0.969	11
浙江	0.858	1.313	1.093	1.203	1.173	1.191	0.996	1.123	8
安徽	1.060	0.934	0.975	0.941	0.677	0.686	1.006	0.909	16
福建	0.932	0.948	0.965	1.222	0.797	1.237	0.987	0.997	10
江西	0.967	0.685	0.892	0.778	0.201	0.580	0.999	0.735	30
山东	1.043	1.203	0.978	1.268	1.141	0.942	1.000	1.093	7
河南	1.055	0.776	0.894	0.837	0.469	0.552	1.001	0.809	25
湖北	1.059	0.865	0.970	0.869	0.864	0.878	0.997	0.929	13
湖南	1.154	1.102	0.879	0.837	0.610	0.812	1.010	0.935	12
广东	0.884	1.141	1.064	1.163	1.057	1.890	1.000	1.137	6
广西	1.050	0.941	0.880	0.908	0.856	0.748	0.991	0.921	14
海南	0.846	0.843	0.971	0.824	0.650	1.020	0.982	0.869	21
重庆	0.935	0.757	0.947	0.732	0.445	0.692	1.003	0.792	26
四川	1.128	0.766	0.930	0.758	0.735	0.743	1.004	0.870	20
贵州	1.138	0.863	0.968	0.569	0.789	0.597	1.002	0.863	22
云南	1.693	1.936	1.120	0.824	1.842	1.692	1.000	1.471	3

224

续表

地区	工业增加值率	总资产贡献率	资产负债率	流动资产周转次数	成本费用利润率	全员劳动生产率	产品销售率	综合值	排序
西藏	1.830	1.407	2.084	0.549	5.198	1.786	0.901	1.940	2
陕西	1.103	0.829	0.880	0.725	0.976	0.669	1.001	0.894	18
甘肃	0.998	0.560	0.879	0.732	0.038	0.649	0.995	0.691	31
青海	1.276	0.556	0.800	0.516	0.704	1.116	0.973	0.830	24
宁夏	0.960	0.611	0.974	0.699	0.376	0.578	0.991	0.743	29
新疆	1.451	1.338	1.002	1.072	2.496	1.877	1.019	1.445	4
权数	0.15	0.2	0.13	0.13	0.14	0.1	0.15		

(2) 标准化处理及综合评价结果:

地区	工业增加值率	总资产贡献率	资产负债率	流动资产周转次数	成本费用利润率	全员劳动生产率	产品销售率	综合值	排序
$\bar{x}_i$	34.555	8.735	58.800	1.358	6.869	66229	98.020		
σ_i	8.352	3.423	7.809	0.308	7.435	29857	1.934		
北京	−1.348	−0.597	0.519	0.655	−0.402	0.456	0.455	−0.262	10
天津	−0.793	−0.352	0.284	0.688	−0.013	0.708	0.594	1.116	9
河北	0.139	−0.250	−0.596	0.493	−0.282	−0.642	0.527	−0.610	14
山西	0.380	−1.088	−0.370	−1.327	−0.464	−1.232	0.253	−3.848	27
内蒙古	0.248	−0.930	0.134	−0.190	−0.645	−0.913	0.176	−2.120	21
辽宁	−0.748	−0.656	0.233	0.135	−0.434	−0.255	−0.078	−1.802	17
吉林	−0.494	−0.171	−0.384	0.103	−0.234	−0.457	−0.264	−1.901	18
黑龙江	2.467	3.358	0.142	0.493	3.410	0.451	0.186	10.507	1
上海	−0.624	−0.001	1.916	0.460	0.051	2.544	0.677	5.023	5
江苏	−0.973	0.110	0.032	1.565	−0.336	0.228	−0.005	0.621	12
浙江	−0.891	0.939	0.753	1.565	0.071	0.382	0.031	2.850	7
安徽	−0.126	−0.069	−0.069	0.265	−0.350	−0.721	0.538	−0.532	13

续表

地区	工业增加值率	总资产贡献率	资产负债率	流动资产周转次数	成本费用利润率	全员劳动生产率	产品销售率	综合值	排序
福建	−0.611	−0.031	−0.149	1.662	−0.247	0.482	−0.419	0.688	11
江西	−0.478	−0.732	−0.772	−0.547	−0.753	−0.952	0.170	−4.064	28
山东	−0.191	0.647	−0.046	1.890	0.045	−0.162	0.222	2.404	8
河南	−0.144	−0.489	−0.757	−0.255	−0.526	−1.013	0.258	−2.926	25
湖北	−0.128	−0.253	−0.113	−0.092	−0.191	−0.301	0.088	−0.989	16
湖南	0.229	0.378	−0.895	−0.255	−0.406	−0.446	0.724	−0.671	15
广东	−0.791	0.481	0.569	1.370	−0.027	1.907	0.222	3.730	6
广西	−0.163	−0.051	−0.889	0.103	−0.198	−0.586	−0.217	−2.001	20
海南	−0.937	−0.311	−0.102	−0.320	−0.372	0.007	−0.719	−2.754	24
重庆	−0.600	−0.539	−0.295	−0.775	−0.546	−0.708	0.351	−3.111	26
四川	0.131	−0.515	−0.439	−0.645	−0.300	−0.596	0.439	−1.925	19
贵州	0.169	−0.258	−0.128	−1.587	−0.254	−0.916	0.320	−2.653	23
云南	2.268	2.596	0.912	−0.320	0.639	1.475	0.238	7.807	2
西藏	2.789	1.188	3.975	−1.684	3.488	1.680	−4.835	6.600	4
陕西	0.038	−0.349	−0.890	−0.807	−0.095	−0.758	0.269	−2.593	22
甘肃	−0.361	−1.062	−0.904	−0.775	−0.892	−0.801	−0.031	−4.825	30
青海	0.691	−1.073	−1.728	−1.847	−0.327	0.218	−1.153	−5.218	31
宁夏	−0.505	−0.927	−0.076	−0.937	−0.605	−0.956	−0.217	−4.223	29
新疆	1.356	1.006	0.133	0.915	1.195	1.878	1.199	7.682	3